KLAUS ST. RAINER

COCKTAILS

DIE KUNST
PERFEKTE DRINKS
ZU MIXEN

INHALT

VORWORT

Coming, Sir! Fast 25 Jahre habe ich in Bars und Hotels gearbeitet, bis ich 2010 zusammen mit meiner Partnerin Leonie von Carnap die Goldene Bar in München übernehmen durfte. In dieser Zeit konnte ich einiges an Erfahrungen sammeln. Highlights waren wohl die fünfjährige Arbeit als Barmanager bei Ernst Lechthaler und seinen internationalen Barcaterings von Los Angeles bis Dubai sowie der anschließende Feinschliff in sieben Jahren Schumann's Bar in München.

Ich habe das Ende einer der dunkelsten Zeiten für Cocktails und auch den Beginn des neuen goldenen Cocktailzeitalters Ende der 1990er-Jahre hinter den Tresen der Welt hautnah miterleben dürfen, was für die Entwicklung meines eigenen Stils prägend war – ebenso wie die unzähligen Bücher und die Reisen zu den Ursprüngen aller Produkte, mit denen ich arbeite. Vom Zuckerrohrfeld in Mexiko, Single-Malt-Destillerien in Schottland bis zu Kaffeeröstern in Australien reise ich um die Welt auf der Suche nach neuen Erfahrungen und Ideen.

Dieses Wissen setze ich nun in der Goldenen Bar als Drinkkonzept um. Die Goldene Bar wurde 1937 im Münchener Haus der Kunst eröffnet. Nach dem Krieg verschwand das vergoldete Interieur mit den Bemalungen über Trinkthemen rund um die Welt hinter weißen Wänden. So wie wir die 2003 »wiedergefundenen« geschichtsträchtigen Räume mit neuen Ideen kreativ und verantwortungsbewusst interpretieren, gehe ich auch mit den Drinks um. Die Basis sind meist Klassiker, die ich mithilfe von modernen Ideen und Techniken in neue Kreationen verwandle.

Meine Philosophie ist dabei ziemlich einfach: von allem nur das Beste. Von Anfang an hat es mir widerstrebt, mit Produkten zu arbeiten, die meinem Qualitätsdenken widersprechen. Ein Drink ist immer die Summe seiner Zutaten, dessen sollte man sich bewusst sein. Übrigens wurden alle Drinks, die Sie auf den Fotos sehen, mit Originalzutaten hergestellt und in der Goldenen Bar fotografiert. Die verwendeten Gläser und Utensilien sind teilweise bis zu 200 Jahre alte Originale.

Und schließlich: Bei aller Kreativität habe ich niemals den guten Service am Gast vergessen, zu dem wir als Bartender täglich verpflichtet sind. Denn nur, wenn man das Vertrauen des Gastes auf seiner Seite hat, kann man auch glaubwürdig als Prediger der Trinkkultur auftreten.

KLASSISCHE DRINKS MACHEN SPASS!

Viele Drinks, die wir heute als Klassiker kennen, wurden seit jeher kopiert und verändert. Deshalb ist der moderne und seit einiger Zeit allgegenwärtige Mixstil »Klassiker mit einem Twist« eigentlich genauso alt wie die Cocktailgeschichte selbst. Der Twist kennzeichnet auch meinen Stil, aber ich versuche immer, so gut wie möglich den Bezug zum klassischen Original zu bewahren.

DAS NEUE GOLDENE ZEITALTER DES COCKTAILS
Seit Ende der 1990er-Jahre hat sich international in den Bars viel getan. Bis dahin wurden Drinks mit zu viel Saft und Sirup gemixt und viele Klassiker noch falsch interpretiert. Beispielsweise lag es an der Prohibition, dass American Whiskey in Klassikern wie dem Manhattan durch – ursprünglich geschmuggelten – Canadian Whisky ersetzt wurde. Es hat bis zum Jahrtausendwechsel gedauert, bis diese Unart weitgehend ausstarb. Natürlich haben sich Drinks im Laufe der Zeit auch verändert, wie zum Beispiel der Dry Martini (S. 76), der von einem harmonischen Drink mit Gin, ordentlich Wermut, Bitters und den wohlriechenden Aromen von Zitronenschale zu einem einfachen Glas Schnaps mit Olive verkümmerte.

Klassische Drinks waren in ihrem Ursprung durchdachte Kreationen. Die Bartender des 19. Jahrhunderts mussten aufgrund viel schlechterer Spirituosenqualität und Mangel an exotischen Zutaten erfinderisch sein. Gab es keine Zitrusfrüchte, wurden bereits vor 150 Jahren Shrubs (Sirups) aus Essig, Zucker und Früchten eingekocht, um Säure in den Drink zu bringen. Mit guten und zugleich einfachen Mitteln Bestmögliches zu erreichen sollte deshalb auch heute noch im Vordergrund stehen. Das fordert Können und Wissen, das jeder gute Bartender haben sollte und das ich hier gerne mit Ihnen teile.

Heute erleben wir wieder ein goldenes Zeitalter des Cocktails. Die Vielfalt der verfügbaren Produkte macht es viel einfacher, kreativ zu sein. Minze in guter Qualität gab es früher nur von Juni bis Ende August. Heute sind alle Produkte der Welt verfügbar, von der fassgelagerten Sojasauce aus Japan bis zu kleinen Spezialchargen Mezcal aus Mexiko.

Dazu kommen die technischen Neuerungen. Es gibt preiswerte Sous-vide-Geräte (S. 158), um Sirups und Infusionen herzustellen, und gewöhnliche Dörrgeräte mutieren zu Dehydratoren zur Herstellung von Chips, Ledern und hocharomatischen Dusts (S. 162). Texturen von Zutaten kann man mit wenig Aufwand verändern. Ein gutes Beispiel hierfür ist der Blood and Sand (S. 128), bei dem ich den Orangensaft aus der Originalrezeptur herausnehme und ihn mit etwas Xanthan im Sahnesiphon in einen lockeren Espuma (S. 162) verwandle. Beim Trinken kitzelt der säuerliche Schaum auf den Lippen, während der kräftig-aromatische Drink über den Gaumen gleitet. Dieselben Zutaten wie im Original, aber mit einem völlig neuen Trinkgefühl.

Seit einigen Jahren sehr populär ist auch der Cuisine Style. Er steht für den Einsatz von Produkten und Techniken, die typischer für die Küche als für die Bar sind. Unterschiedlichste Kräuter und Gemüse, ja sogar Fleisch und Schinken finden hier den Weg in neue Rezepturen. In den Bereich Cuisine Style gehören zum Beispiel die Bloody Geisha (S. 116) oder der Toxic Garden (S. 56).

ÜBER DIESES BUCH

Für eine vernünftige Hausbar brauchen Sie gute Basis-Spirituosen (S. 15–16) und später ein breiteres Sortiment, das im Alkohol-ABC (S. 164–167) vorgestellt wird. Mit wenigen Basis-Spirituosen kann man bereits viele Rezepte im Buch nachmixen. Nahezu alle weiteren Zutaten können Sie selbst herstellen, wenn Sie die Grundrezepte im Anhang (S. 158–163) ausprobieren. Ersatzweise können Sie natürlich auf die empfohlenen Fertigprodukte zurückgreifen. Aber wenn Sie die Zeit haben, sollten Sie sich immer für selbst gemachte Zutaten entscheiden. Allein mit dem hausgemachten Ginger Beer (S. 42) lassen sich unzählige köstliche Drinks zubereiten, mit denen Sie bei Ihren Gästen für Aufsehen sorgen werden. Die Arbeit lohnt sich!

Die Drinks sind in drei Kapitel unterteilt. Im ersten und zweiten Kapitel kommen Sie bereits mit wenig Erfahrung schnell zu leckeren Ergebnissen. Das dritte Kapitel ist die Kür für spezielle Momente und Abende. Mit ein wenig Übung sollten Sie jedoch unbedingt auch diese Rezepte ausprobieren. Im Anhang können Sie zudem noch detaillierter nach Stimmungen und Situationen den perfekten Drink suchen (S. 172–173).

Ein kräftiger, heißer Drink für den Abend, alkoholfreie Cocktails oder leicht vorzubereitende Rezepte für Abende mit vielen Gästen – diese Rezepturen sind mit eigenem Symbol gekennzeichnet (siehe Legende). Über Bottled Drinks, die sich zum Beispiel für Partys supereinfach in der Flasche vorbereiten lassen, erfahren Sie mehr auf Seite 24.

Zum Schluss noch ein guter Rat: Natürlich ist es wichtig, verantwortungsvoll mit Alkohol umzugehen. Die Grenze zum Alkoholismus ist sonst schneller überschritten, als man denkt. Und dann ist das Ganze gar nicht mehr lustig. Einige Drinks in diesem Buch sind sehr kräftig, weshalb man dazu Wasser trinken sollte. Ich empfehle lieber weniger, dafür aber kräftige Drinks, als viele Chi-Chi-Drinks, die zwar süffig sind, am Ende aber für Kopfschmerzen sorgen, weil sie viel Zucker enthalten. Dasselbe gilt bei der Qualität: Genießen Sie lieber weniger, dafür immer in bester Qualität – und mit Leidenschaft.

So, und jetzt wird es Zeit loszulegen. Ich wünsche Ihnen viel Spaß beim Mixen und Genießen!

WERKZEUG

Das richtige Werkzeug ist beim Mixen ebenso wichtig wie erstklassige Zutaten. Am Anfang brauchen Sie nicht viel mehr als Shaker, Rührglas und Strainer. Wenn Sie tiefer ins Thema einsteigen möchten, sollten Sie über die Anschaffung eines Dehydrators oder Cold Drippers nachdenken.

SHAKER
Er dient zum Zubereiten geschüttelter Drinks. Es gibt Boston-Shaker, die aus einem Glasteil und einem darüber passenden Metallteil bestehen, zweiteilige Metallshaker und dreiteilige Shaker, die unter der Verschlusskappe meist ein eingebautes Sieb haben, wodurch man sich den Strainer spart. Letztere sind jedoch eher für Drinks mit klaren Zutaten zu empfehlen. Am besten eignen sich Vollmetallshaker bzw. Shaker aus Edelmetallen, denn damit wird der Drink deutlich kälter (S. 13, Abb. 13).

RÜHRGLAS
Ein großes Glas mit Ausgießlippe zum Zubereiten aller gerührten Drinks (S. 13, Abb. 13).

STRAINER
Ein Barsieb mit Spirale nennt man Hawthorne-Strainer. Er passt perfekt auf Boston- und zweiteilige Metall-Shaker. Ein Barsieb aus einem Stück und ohne Spirale nennt man Julep-Strainer. Julep-Strainer passen besonders gut in die meisten Rührgläser. Sowohl mit dem einen wie mit dem anderen können Sie alles Notwendige machen, nämlich einen Drink vom Eis abseihen (Abb. 1).

TEESIEB
Ein kleines Teesieb hält man zwischen Strainer und Glas, um feine Eis- oder Fruchtstückchen auszusieben (Abb. 2).

BARLÖFFEL
benötigt man zum Rühren von Drinks, als Barmaß (1 BL = 5 ml) und das flache Ende benutzt man, um kleine, nicht zu harte Zutaten wie Zuckerwürfel zu zerstoßen (Abb. 3).

MESSBECHER
Man kann ihn anfangs benutzen, um Rezepte korrekt nachzumixen (Abb. 4). Jedoch sollten Sie auch trainieren, ohne einzuschenken. Üben Sie mit Wasser, indem Sie Eingegossenes nachmessen. Bald ist man ziemlich sicher und die Arbeit ohne Messbecher macht einen großzügigeren Eindruck.

ZANGE
Mit einer Zange lassen sich einzelne Eiswürfel, Zuckerwürfel oder Fruchtdekorationen hygienischer und eleganter bewegen. Am liebsten benutze ich eine große Pinzettenzange (Abb. 5) oder Chopsticks aus Metall (Abb. 6).

EISPICKEL UND EISSCHAUFEL
Einen Eispickel brauchen Sie, um aus einem Eisblock große Brocken und – mit etwas

Übung – auch Eiskugeln zu schlagen. Die Eisschaufel sollte aus Hygienegründen nach Gebrauch nicht auf dem Eis liegen (Abb. 7).

MESSER
braucht man an der Bar für viele Tätigkeiten, angefangen beim Schneiden von Früchten bis hin zum Formen von Eis. Ich bevorzuge kleine, japanische Messer, z. B. der Marke Global (Abb. 8).

MUDDLER
Einen professionellen Muddler oder ein 30 cm langes Rundholz benutzt man zum Zerdrücken bzw. Muddeln von Früchten und zum Zerschlagen von Eis (Abb. 9).

PARFÜMFLAKON
Zum Aromatisieren von Gläsern füllen Sie einfach die gewünschte Zutat in einen kleinen Parfümflakon (Abb. 10) und benetzen das Glas von innen mit einem Sprühstoß.

FEINE REIBE
Sie dient zum Reiben von Zutaten wie Muskatnuss oder Zitrusschalen (Abb. 11).

ZITRUSPRESSE
Den besten Saft erhalten Sie aus Handpressen. Für kleine Zitrusfrüchte empfiehlt sich eine sogenannte Elbow-Presse (Abb. 12). Für größere Früchte sind Standpressen einfacher zu handhaben. Auch die herkömmliche Presse, auf der man die halbierte Frucht auf einem Kegel dreht, bringt wunderbare Ergebnisse. Für größere Mengen können Sie auch eine elektrische Saftpresse verwenden.

ENTSAFTER
Ein elektronischer Entsafter (Zentrifuge) ist unerlässlich, um Säfte aus Zutaten herzustellen, die sich nicht pressen lassen, wie z. B. Äpfel, Ananas oder Ingwer.

ELEKTROMIXER
braucht man zum Herstellen von Frozen Drinks (S. 82), Vorbereiten von Espumas (S. 162) oder dem Mahlen von Gewürzen.

SAHNESIPHON UND SODASIPHON
Ein Sahnesiphon ist nützlich, um z. B. schnell frischen Sirup herzustellen (S. 158). Ich verwende ihn außerdem für raffinierte Espumas (S. 162). Ein Sodasiphon hilft beim Karbonisieren (mit Kohlensäure versetzen) von Limonaden und Drinks (Abb. 15).

COLD DRIP
Ein Cold Dripper ist eine japanische Kaffeemaschine für kalt gebrühten Kaffee. Bei dieser Methode tropft das (Eis-)Wasser langsam über das Filtergut (Abb. 14). Das Ergebnis ist hocharomatisch und enthält sehr wenige Bitterstoffe. Die Maschine eignet sich aber auch zur Teebereitung und vor allem zum Herstellen von alkoholischen Mazeraten (S. 163). Mein Favorit ist die Marke Hario.

DEHYDRATOR
Ein einfacher und kostengünstiger Dehydrator (Abb. 16) bzw. Dörrapparat bringt einiges an Erleichterung bei der Herstellung von Dusts (S. 162) sowie Schinken- und Fruchtchips. Alternativ kann man auch den Backofen verwenden.

GLÄSER

**KLEINES
BECHERGLAS**

WEINGLAS

HIGHBALL

COCKTAILGLAS

LONGDRINKGLAS

TEETASSE

CHAMPAGNERGLAS

**OLD FASHIONED
BZW. TUMBLER**

**SILBERKÄNNCHEN
UND KLEINE TASSE**

BOWLEGEFÄSS

SILBERBECHER

ABKÜRZUNGEN IM BUCH:
BL = Barlöffel, EL = Esslöffel, Dash = Spritzer

• • •
FÜR VIELE GÄSTE

⁄⁄⁄
HEISS

—
ALKOHOLFREI

ALKOHOL-GRUNDZUTATEN

Die folgenden Alkoholika sollten in keiner Bar fehlen. Weitere Empfehlungen finden Sie im »Alkohol-ABC« (S. 164–167).

BITTERS

Bitters sind das Salz des Bartenders. Kaum ein Klassiker kommt ohne aus. Und auch in der modernen Mixologie schleifen Bitters oft die letzte raue Kante ab. Ich verwende häufig Sexy Bitters (würzig, warm, tief) und OK Tropfen (florale Aromen, Kamille, Schokolade), zwei eigene Marken, die auch international erhältlich sind (S. 174). Anstelle der Sexy Bitters können Sie auch Angostura Bitters oder selbst gemachte Aromatic Bitters (Grundrezept auf S. 156) verwenden. Alle weiteren Bitters werden im Anhang (S. 164) vorgestellt.

CHAMPAGNER

Champagner zum Mixen sollte immer trocken und von so guter Qualität sein, dass Sie ihn auch zum Purtrinken wählen würden. Billige Champagner oder Ersatzprodukte machen keine Freude. Meine Empfehlungen sind Perrier Jouët Grand Brut, Bollinger Special Cuvée Brut oder Jaquesson.

GIN

Wenn in Neutralalkohol verschiedenste Kräuter und Botanicals, umringt von Wacholder, eingelegt werden und das Ganze anschließend destilliert wird, spricht man von Gin; wird kein Aroma oder Zucker zugegeben, sogar von London Dry Gin, einer ortsunabhängigen Qualitätsbezeichnung für hochwertigen Gin. Werden außerdem noch feine Aromen zugesetzt, ist es Distilled Gin. Mein Favorit für knackige Gin and Tonics und zum Mixen ist Tanqueray No. Ten, der mit seinen zitrusfruchtigen Aromen und mit seinen 47,3 Vol.-% in allen Drinks ein solides Rückgrat bildet.

RUM

Rum ist eine aus Zuckerrohrsaft oder Melasse vergorene und destillierte Spirituose. Meist fassgelagert, wird Rum rund um die Welt produziert und es gibt unzählig viele verschiedene Varianten. Ich bevorzuge zum Mixen kräftige, dunkle Rums aus Jamaika – für Drinks mit viel Körper. Für elegante Rum-Drinks mit Finesse verwende ich gerne jüngere Rum-Qualitäten aus Havanna oder Demerara.

COGNAC

ist einer der bekanntesten Weinbrände mit geschützter Herkunftsbezeichnung. Fassgelagert und meistens ein Blend aus verschiedenen Jahrgängen, muss der jüngste Brand eines Congnacs V.S.O.P. (Very Superior Old Pale) mindestens vier Jahre im Eichenholzfass geschlummert haben, bei XO (Extra Old) sind es mindestens zehn Jahre. Statt Cognac können Sie auch Armagnac, spanischen Brandy oder deutschen Weinbrand mit mehrjähriger Fasslagerung nehmen.

TEQUILA UND MEZCAL

Beides sind Brände aus Agaven. Tequila muss aus der Blauen Weberagave in der mexikanischen Region Jalisco oder wenigen anderen mexikanischen Bezirken hergestellt sein. Diese Einschränkung macht den Mezcal so interessant, der auch aus vielen anderen tollen Agavensorten, darunter auch Wildagaven gebrannt werden kann. Eine besondere Art ist z. B. der Mezcal de Pechuga, ein rauchiges Destillat aus Mexiko, dessen Alkoholdämpfe durch in der Brennblase hängende rohe Hühner steigen, deren Aromen sich in den Mezcal übertragen.

SINGLE MALT WHISKY

Ein Single Malt ist ein Whisky, der nur aus einer einzigen Brennerei stammt. Malt Whisky ist, genau genommen, destilliertes Bier aus gemälzter Gerste, das anschließend in bereits benutzten Fässern gelagert wird. Am gängigsten sind Ex-Bourbon-Fässer, aber es kann auch jede andere Spirituose oder Wein zuvor darin geschlummert haben und den Malt Whisky entsprechend beeinflussen. Whiskys von der Insel Islay zeichnen sich durch einen kräftigen Torfgeschmack aus, weil die gemälzte Gerste über Torffeuer getrocknet wird. Zum Mixen von »Torfbomben« verwende ich gerne Ardbeg Ten, während ich für ausdrucksstarke Drinks die kräftige Knackigkeit des Highland-Whiskys Nàdurra von Glenlivet liebe. Meine Single-Malt-Rezepte können Sie übrigens mit jedem Single Malt probieren, den Sie gerade in der Nähe haben: Das Ergebnis ist immer wieder interessant.

BLENDED SCOTCH WHISKY

Nach einer jahrhundertealten Tradition werden in Schottland leichte Whisky-Blends hergestellt, die unabhängig von der Witterung Jahr für Jahr gleich schmecken. Die Basis bildet ein geschmacksarmer, hochprozentiger Getreidebrand, der anschließend mit bis zu 50 aromatischen Single Malts aus verschiedenen Destillerien »geblendet« wird. Zum Mixen funktionieren Scotch Whiskys von Johnnie Walker sehr gut.

BOURBON

Bourbon ist American Whiskey mit einem Mais-Anteil von mindestens 60 Prozent. Der Rest können Roggen oder Gerste sein. Durch den hohen Anteil an Mais sind diese Whiskeys sehr breit und eher süß. Achten Sie beim Kauf auf die Bezeichnung »Kentucky Straight Bourbon Whiskey«. Ich verwende gerne Bulleit Bourbon zum Mixen.

RYE WHISKEY

Ein American Whiskey aus mindestens 60 Prozent Roggen sowie Mais und Gerste. Roggen ist weit trockener und filigraner als Mais und das schmeckt man eindeutig. Je höher der Roggenanteil, desto trockener und typischer wird ein Rye Whiskey. Bulleit Rye hat mit 95 Prozent Roggen einen der höchsten Anteile aller erhältlichen Rye Whiskeys. Diese trockene Knackigkeit ist besonders für klassische Drinks sehr geeignet.

Außerdem mixe ich gerne mit Antiquitäten, denn das ist unglaublich spannend und fühlt sich wie eine Zeitreise an.

SÄFTE

Bei Säften sollten Sie unbedingt auf Frische und Qualität setzen. Es gibt einfache Faustregeln, mit denen man kaum falsch liegen kann: Frisch gepresst geht vor fertig gekauft, reife Früchte sind besser als unreife bzw. Tiefkühlprodukte, Bioprodukte schlagen Früchte aus herkömmlichem Anbau, Handpresse geht vor elektrische Presse. Meine Rezepte kommen ohne exotische Säfte aus und beschränken sich auf die gängigsten Sorten. Bei Kokosnuss, Tomate und Cranberry greife ich der Einfachheit halber auf gekaufte Produkte von guten Herstellern zurück.

FRISCH GEPRESST

Mit »frisch« meinen viele Bartender wirklich »à la minute« gepresst, sprich: von der Frucht in den Drink. Da frische Säfte schnell oxidieren und verderben, ist das natürlich richtig. Allerdings haben Studien ergeben, dass z. B. Limettensaft seinen Höhepunkt erst 3–4 Stunden nach dem Pressen erreicht.

VORBEREITETE SÄFTE VERWENDEN

Ich will Ihnen ein reines Gewissen schaffen, wenn Sie für Ihre Gäste kurz vor dem Eintreffen die Säfte vorpressen und dann in sauberen Flaschen den Abend über verwenden. So machen wir das in der Goldenen Bar auch. Anschließend haben die Säfte dann aber tatsächlich ihren Höhepunkt erreicht und sollten nicht mehr verwendet werden, außer Grapefruitsaft, der sich problemlos 3–4 Tage hält. Wenn es absehbar ist, dass Sie zu viel Saft vorbereitet haben, können Sie ihn auch einfrieren und Wochen später wieder verwenden. Um aufgetaute Zitrussäfte wieder aufzupeppen, nehmen Sie die Schalen von frischen Früchten (möglichst ohne das weiße Mark unter der Schale), erwärmen sie in einem Topf mit Wasser und drücken dann die ätherischen Öle aus den Schalen über dem Saft aus. Diese Methode können Sie auch anwenden, um frische Säfte noch aromatischer zu machen, denn alle Zitrussäfte leben von ihren ätherischen Ölen.

ZITRUSSÄFTE

Limetten, Zitronen, Orangen und Grapefruit am besten mit einer Handpresse entsaften. Nur wenn Sie große Mengen benötigen, sollten Sie eine elektrische Presse nehmen.

APFEL, ANANAS, INGWER

Säfte aus Äpfeln, Ananas oder Ingwer können Sie nicht mit der Handpresse herstellen. Sie lassen sich mit einem Entsafter (Zentrifuge) schnell zubereiten, auch in großen Mengen.

CRANBERRY, TOMATE, KOKOSNUSSWASSER

Diese Säfte kaufen Sie, wie gesagt, am besten von einem guten Hersteller. Das ist absolut o.k.

ZUCKER UND SIRUP

Kaum ein Drink kommt ohne Zucker in irgendeiner Form aus. Man kann sich sogar als Faustregel merken, dass ein kleiner Dash (Spritzer) Zuckersirup fast jeden Drink nochmals perfektionieren und abrunden kann – wie die berühmte Prise Salz beim Kochen. Süßstoffe zu verwenden widerspricht komplett meiner Philosophie. Zucker trägt die Aromen, wogegen Süßstoffe immer von unangenehmen Nebenaromen begleitet sind. Darum lieber richtigen Zucker nehmen und bewusst damit umgehen, als sich von Zuckerersatz auf die falsche Fährte locken zu lassen, um letztendlich doch mehr Kalorien aufzunehmen, als man eigentlich geplant hatte. Stevia kann zum Süßen von Teemischungen interessant sein, den lakritzartigen Nebengeschmack muss man aber wirklich wollen. Agavensirup ist für Diabetiker verträglicher, aber trotzdem mit Vorsicht zu genießen. Welchen Zucker Sie verwenden, hängt von Ihrem Geschmack ab bzw. von der Art des Drinks oder des Sirups, in dem Sie den Zucker verwenden.

WEISSER ZUCKER

ist die geschmacksneutralste Form von Zucker. Da er lediglich süß und das Ergebnis nicht durch Nebenaromen verfälscht ist, ist er perfekt zum Herstellen von einfachem Zuckersirup und anderen Rezepten, die Zucker benötigen. Weißer Zucker besteht aus Saccharose, die aus Zuckerrüben oder Zuckerrohr raffiniert wird. Der jeweilige Saft wird gekocht und zentrifugiert, wobei kristalliner Rohzucker entsteht, der abschließend meist chemisch gebleicht wird.

BRAUNER ZUCKER

wird ebenso aufwendig hergestellt wie weißer Zucker und im Anschluss mit etwas Melasse gefärbt.

MUSCOVADO-ZUCKER

Während bei der normalen Zuckerherstellung die Kristalle mithilfe einer Zentrifuge abgetrennt werden, entsteht Muscovado-Zucker, indem man den gekochten Zuckerrohrsaft trocknet, bis er auskristallisiert. Durch verschiedene Vorbehandlung entsteht hier heller bis tiefdunkler Zucker. Der tiefdunkle hat einen sehr kräftigen Melassegeschmack, der helle besticht durch sein zartes Melassearoma, weshalb ich letzteren in einigen meiner Rezepturen sehr gerne verwende. Vor allem Sirups gibt heller Muscovado-Zucker eine schöne Tiefe. Außerdem hat er den höchsten Anteil an Vitaminen und Mineralstoffen von allen Zuckerarten.

ROHZUCKER / DEMERARA-ZUCKER

Rohzucker wird wie weißer Zucker hergestellt, ist aber nicht zu Ende raffiniert. Das bedeutet, er ist nicht weiß und besitzt noch natürlichen Anteil an Melasse, was ihn etwas kräftiger und breiter schmecken lässt. Demerara-Zucker ist ein typischer Rohzucker. Ich empfehle ihn zum Einsatz in Drinks und Sirups, wenn Sie etwas mehr Tiefe und Breite wünschen.

BIO-ZUCKER

unterscheidet sich hauptsächlich darin, dass der raffinierte Zucker am Ende nicht chemisch gebleicht werden darf. Geschmacklich liegt er durch den Restanteil an Melasse meist zwischen Rohzucker und weißem Zucker.

MELASSE

heißt der bei der Zuckerrohr-Verarbeitung entstehende schwarz-braune Zuckerrohrsaft. Sie wird in England gerne zum Backen verwendet und ist der Rohstoff für alle Rums, außer den Agricoles-Rums, die aus frischem Zuckerrohrsaft hergestellt werden. Beim Mixen von Drinks muss man Melasse sehr vorsichtig einsetzen, da sie einen sehr intensiven Eigengeschmack hat.

HONIG

ist ein natürliches Süßmittel, das abhängig von Blütensorte und Herkunft unterschiedlichste Aromen und Süßkraft mitbringt. Unerlässlich ist er für solche Rezepturen, in denen er durch seine typische Breite die Hauptrolle spielt. Runny Honey wird auf S. 160 vorgestellt. Ein kleiner Spritzer davon rundet viele Drinks ab.

AGAVENSIRUP / AGAVENDICKSAFT

Diese flüssige Zuckerart macht sich besonders in Drinks mit Mezcal oder Tequila gut, da sie aus demselben Rohstoff hergestellt wird, der Agave. Unter Bartendern bekannt wurde der Agavensirup durch Julio Bermejo aus Tommy's Bar in Los Angeles, der ihn in Tommy's Margarita verwendete. Das Aroma ist manchmal leicht grasig, die Süßkraft ist durch den höheren Anteil an Fruktose stärker als bei normalem Zuckersirup und er hat eine geringere Viskosität auf der Zunge.

SIRUPS

Im Kapitel Grundrezepte (S. 158–162) finden Sie die Rezepturen für alle im Buch verwendeten Sirups, vom einfachen Zuckersirup (Simple Syrup) bis zu hocharomatischen Sorten auf Basis von Früchten, Tee oder Malzbier. Das Herstellen eigener Sirups ist zwar etwas zeitaufwendiger, macht aber auf der anderen Seite Spaß und gibt Ihnen die Möglichkeit, Geschmacksrichtungen zu kreieren, die in keinem Laden zu kaufen sind, zumal wenn Sie moderne Zubereitungsmethoden wie Sous-vide, Infusion unter Druck oder die Tiefkühlmethode verwenden, die ich allesamt im Anhang beschreibe. Das Selbermachen lohnt sich nicht zuletzt auch deshalb, weil die Qualität schon bei den ersten Versuchen weit besser ist als bei gekauften Produkten, die Sie natürlich auch jederzeit verwenden können.

MEIN TIPP

Spielen Sie bei einem Rezept mit unterschiedlichen Zuckerquellen, um zu erleben, welch wichtige Rolle ihnen zukommt.

EIS

Eis ist einer der wichtigsten Faktoren für einen guten Drink. Wenn ich in meinen Rezepten von solidem Eis spreche, meine ich große, klare Volleiswürfel mit einer Kantenlänge von ca. 3 cm. Hütchen mit Loch, Nuggets oder Scherbeneis sind tabu. Und achten Sie bei allen Arbeitsschritten auf größte Sauberkeit!

EISWÜRFEL
Nehmen Sie zum Selbermachen am besten gefiltertes Wasser und quadratische Silikonformen aus dem Patisserie-Bedarf. Stellen Sie die gefüllten Formen abgedeckt in ihren Gefrierschrank. Somit haben Sie gleich doppelt gefrostetes Eis, das auch in vielen Top-Bars verwendet wird. Es bietet Vorteile bei gerührten Drinks, die sehr kalt werden sollen und wenig Schmelzwasser brauchen. Für den Hausgebrauch können Sie auch gutes Eis in Beuteln kaufen, das es mittlerweile in jeder größeren Stadt gibt. Oder Sie suchen sich eine Bar in Ihrer Nähe, in der Sie gegen ein angemessenes Trinkgeld hin und wieder Ihre Vorräte auffüllen. Wer eine Eismaschine für eine professionelle Bar anschaffen möchte, sollte beim Kauf darauf achten, unbedingt eine Nummer größer zu nehmen, als man seinen Bedarf einschätzt.

CRUSHED ICE
Das beste Crushed Ice bekommt man, indem man doppelt gefrostete Eiswürfel in einem Ice-Crusher oder Thermomix zerkleinert und anschließend nochmals unter wiederholtem Aufrühren tiefgefriert. Dadurch entsteht ein feines Granulat mit besten Kühleigenschaften. Oder Sie zerkleinern die Eiswürfel in einem sauberen Leinenbeutel mit einem Holzhammer oder Ähnlichem.

EISBLÖCKE UND EISBROCKEN
Für selbst geschlagenes Eis brauchen Sie einen klaren Eisblock, den Sie in größeren Städten beim Eislieferanten bestellen können. Im Glas gefallen mir persönlich große Eisbrocken, die man von einem Eisblock abschlägt, am besten. Wenn Sie einen klaren Eisblock selber herstellen wollen, füllen Sie eine Thermobox in der benötigten Größe mit destilliertem oder gefiltertem Wasser und stellen diese ohne Deckel in den Gefrierschrank. Der Eisblock friert von oben nach unten glasklar durch. Lediglich am Boden bildet sich ein trüber Streifen, den Sie am Ende nur noch mit einer Eissäge oder einem Eispickel abtrennen müssen.

EISKUGELN
Eiskugeln werden von Hand aus großen Eisbrocken geschnitzt. Für zu Hause mache ich sie mit Wasserbomben-Luftballons. Ich fülle die Ballons mit gefiltertem Wasser, knote sie zu und lege sie so in den Tiefkühler, dass sie einigermaßen rund liegen. Mit dieser Methode werden die Kugeln zwar trüb, Vorteile sind jedoch die hygienische Einzelverpackung und das leichte Handling.

ZUBEREITUNG:
SHAKEN, RÜHREN …

Mit dem passenden Werkzeug und ein paar einfachen Handgriffen können Sie praktisch jeden Drink mixen. Lediglich der Umgang mit dem Shaker erfordert etwas Übung. Die Fotos auf den folgenden Seiten zeigen Ihnen die Handhabung der wichtigsten Instrumente und Zutaten.

1 SHAKEN

Geben Sie die Zutaten mit Eis (Wet Shake) oder ohne Eis (Dry Shake) in den Shaker, schließen Sie den Deckel und schütteln Sie kräftig 10–15 Sekunden lang. Durch das Shaken mit Eis wird der Drink zum einen gekühlt, aber es geht auch Schmelzwasser auf den Drink über – wie viel davon gewünscht ist, hängt von der Art des Drinks ab. Ab 90 Sekunden wird der Drink nicht mehr kälter und nimmt kaum noch Schmelzwasser auf. Zum Üben können Sie den Shaker zur Hälfte mit rohen Reiskörnern füllen. Sie verhalten sich beim Shaken so, als ob der Shaker mit einem Drink und Eis gefüllt wäre.

2 RÜHREN

Im Rührglas werden alle Zutaten auf Eis in der Regel 10–15 Sekunden lang gerührt. Längeres Rühren macht den Drink zwar kälter, verwässert ihn aber auch zusätzlich, was bei einigen Drinks sogar gewünscht ist. Ab ca. 90 Sekunden verändert sich der Drink, wie beim Shaken, kaum mehr.

3 IM GLAS AUFBAUEN

nennt man es, wenn alle Zutaten auf Eis im Gästeglas zusammengemischt und gerührt werden. Drinks wie Old Fashioned, Rasta Nail und alle Longdrinks, wie z. B. Moscow Mule, werden im Glas aufgebaut.

4 IN DER FLASCHE VORBEREITEN

Alle Drinks mit diesem Symbol ••• kann man vorbereiten und kalt stellen, bis die Gäste kommen. Sie eignen sich somit optimal für größere Einladungen oder Partys. Die Zubereitung in der Flasche ist keine Schande: bereits vor 150 Jahren haben sich professionelle Bartender damit beholfen, um großen Anstürmen gerecht zu werden. Man spart sich nicht nur Zeit, sondern jeder Drink hat nachher auch gleichbleibende Qualität, weil die Rezeptur einmal perfekt abgemessen wurde. Einfach die im Rezept angegebenen Zutatenmengen mit der Gästezahl multiplizieren, in einem großen Gefäß zusammenmischen, in saubere Flaschen abfüllen und im Kühlschrank aufbewahren. Vor Gebrauch kurz aufschütteln und dann je nach Rezeptur weiterverarbeiten. Um das fehlende Schmelzwasser auszugleichen, sollten Sie bei klaren Bottled Drinks einen Schuss Wasser hinzufügen.

... STRAINEN & CO.

Egal, ob Sie zum Abseihen Hawthorne- oder Julep-Strainer verwenden – Hauptsache, es kommt nur das ins Glas, was letztendlich in den Drink gehört. Der Name Julep-Strainer kommt übrigens daher, dass man ihn früher zum Trinken von Juleps auf Becher gelegt hat, um zu verhindern, dass feines Eis oder Minze verschluckt werden.

5 STRAINEN BZW. ABSEIHEN

müssen Sie praktisch alle Drinks, die im Shaker oder Rührglas zubereitet werden. Den Strainer in die Öffnung des Shakers oder Rührglases halten und den Drink durch das Sieb ins Gästeglas gießen.

6 DOUBLESTRAIN BZW. FINESTRAIN

sind Begriffe für das doppelte Abseihen von Drinks, um kleine Eis-, Frucht- oder Kräuterstücke, die nicht ins Gästeglas gehören, herauszusieben. Man hält dafür zwischen Strainer und Gästeglas ein kleines Teesieb.

7 & 8 MIT ZITRUSZESTE ABSPRITZEN

Von einer Zitrusfrucht ein Stück Schale dünn abschneiden und über dem Drink ausdrücken. Zitruszesten parfümieren den Drink mit ihrem wunderbaren Aroma, sollten aber anschließend nicht mit hineingegeben werden, weil sie sehr viele Bitterstoffe enthalten und der Drink dadurch zu stark aromatisiert wird. Ausnahmen sind Rezepte, bei denen dieser Effekt gewünscht ist. Dann sollte man jedoch darauf achten, dass die Zeste frei von dem weißen Mark ist, das unter der Schale sitzt, weil dies die meisten Bitterstoffe enthält.

SQUEEZE (OHNE ABB.)

Wenn ein Squeeze verlangt ist, nehmen Sie eine kleine Spalte Zitrusfrucht, z. B. ⅙ Limette, drücken diese über dem Drink aus und geben sie am Ende mit hinein.

CRUSTA (OHNE ABB.)

Um einen Crusta (engl. für Zuckerrand) herzustellen, feuchten Sie den Rand des Glases an und tauchen ihn in einen mit Zucker gefüllten Teller – wie tief und wie lange, hängt von der gewünschten Breite und Härte des Crusta ab. Crustas lassen sich mit unterschiedlichen Zuckern und Flüssigkeiten zu unzähligen Varianten kombinieren. Einen besonders feinen Crusta erhalten Sie, wenn Sie das Glas kopfüber mit passendem Likör aus einem Parfümflakon besprühen und dann unter Drehen mit Zucker bzw. Dust bestäuben.

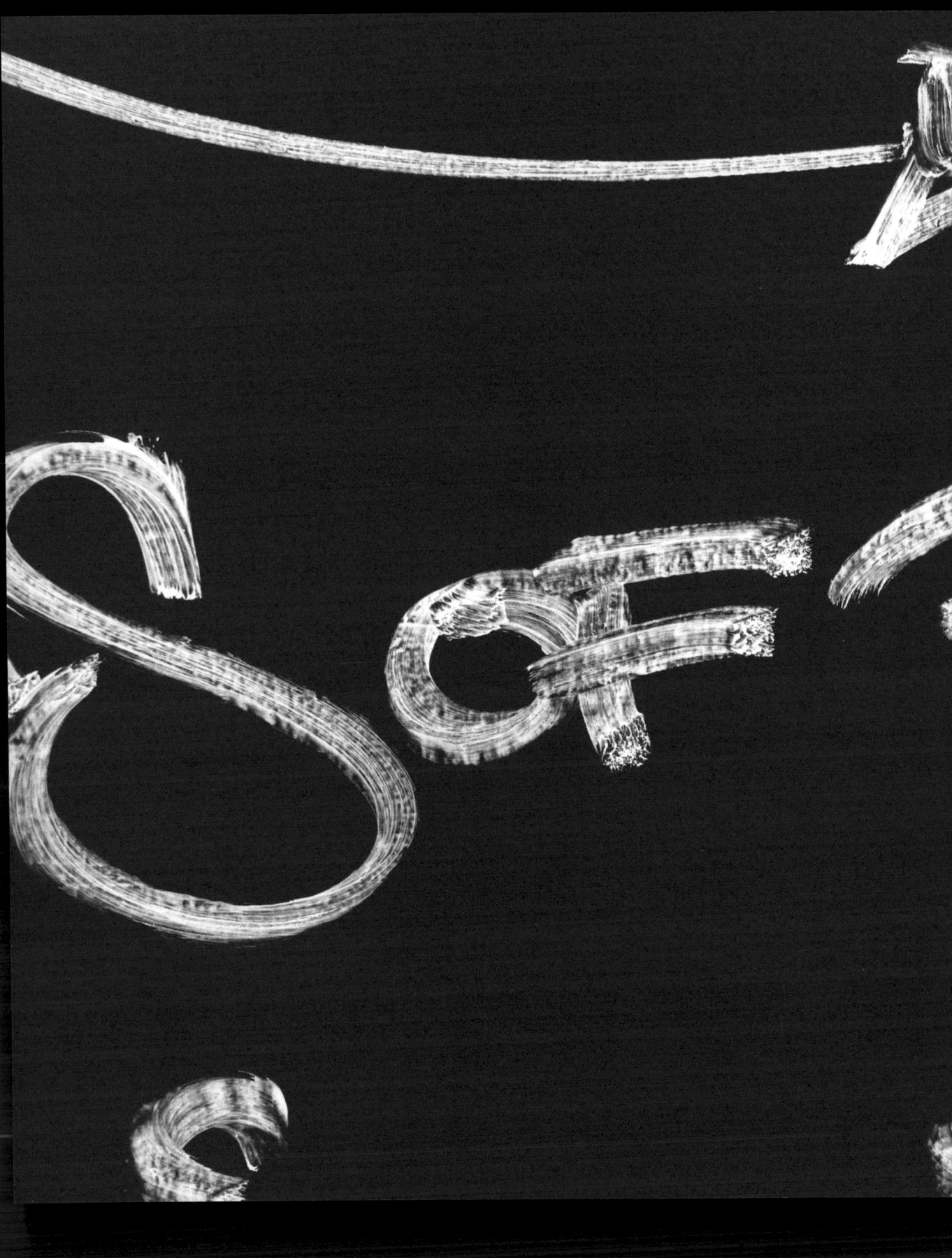

DIE REZEPTE

EINFACH

UND

CLEVER

LEICHT ZU MIXENDE DRINKS

FÜR

JEDE GELEGENHEIT

GOLDEN CHAMPAGNE

Der Golden Champagne ist einer unserer Hausaperitifs in der Goldenen Bar. Er passt im Sommer wie im Winter als idealer Starter für Ladys wie für Gentlemen. Außerdem eignet er sich perfekt für größere Partys, da Sie die Basis vorbereiten, in Flaschen abfüllen und bis zur Verwendung kalt stellen können. Auch die Gläser können Sie bereits vorab parfümieren. Den Champagner sollten Sie aber erst beim Eintreffen der Gäste auffüllen. So geht die Perlage nicht verloren und es ist eine schöne Geste, den Drink vor den Augen Ihrer Gäste zuzubereiten und ihnen das frisch sprudelnde Glas zu reichen.

ZUTATEN
30 ML GIN TANQUERAY NO. TEN
15 ML FRISCHER ZITRONENSAFT
10 ML HOLUNDERBLÜTENSIRUP
  (S. 159)
2 DASHES ORANGE BITTERS
CHAMPAGNER PERRIER JOUËT
  GRAND BRUT
FRISCHER SALBEI

**CHAMPAGNERGLAS ODER
SILBERBECHER**

ZUBEREITUNG
Ein Salbeiblatt zwischen Daumen und Zeigefinger falten und damit den Glasrand parfümieren, indem Sie ihn mit dem Salbeiblatt abreiben. Gin, Zitrone, Sirup und Bitters im Shaker auf solidem Eis hart schütteln und doppelt in das Glas seihen. Vorsichtig mit Champagner auffüllen. Ein schönes Salbeiblatt als Dekoration in den Drink geben.

Holunder und Salbei
sind perfekte Partner in
Verbindung mit Gin.

WILLIAMS SOUR

Mixen mit hochwertigen Obstbränden macht unglaublich viel Spaß. Einfache Klassiker eignen sich dazu am besten, weil bei Drinks dieser Art immer die Spirituose im Vordergrund steht. Die Brände von Reisetbauer aus Österreich haben für mich die beste Qualität.

ZUTATEN
50 ML WILLIAMSBRAND
15 ML FRISCHER ZITRONENSAFT
15 ML FRISCHER LIMETTENSAFT
2 BL PUDERZUCKER
½ EIWEISS

KLEINES COCKTAILGLAS

ZUBEREITUNG
Das Eiweiß halbieren, indem Sie die Hälfte in den Shaker laufen lassen und dann mit einer breiten Messerklinge den Fluss unterbrechen. Alle Zutaten im Shaker auf solidem Eis hart shaken und doppelt in ein kleines, vorgekühltes Cocktailglas abseihen (Abb. rechts).

ZWETSCHGENFIZZ

Wie beim Williams Sour verwende ich Limette und Zitrone zu gleichen Teilen. So bekommt der Drink eine schönere Säurestruktur.

ZUTATEN
50 ML ZWETSCHGENBRAND
15 ML FRISCHER ZITRONENSAFT
15 ML FRISCHER LIMETTENSAFT
2 BL PUDERZUCKER
1 EIWEISS
SODA

HIGHBALL

ZUBEREITUNG
Alle Zutaten außer Soda im Shaker auf solidem Eis hart shaken und in ein vorgekühltes Highballglas seihen. Mit einem kräftigen Schuss Soda toppen und schnell servieren. Der Drink schmeckt eiskalt und frisch aufgefizzt am besten (Abb. links).

KYOTO ROSE FIZZ

Dies ist eines meiner Lieblingsrezepte mit Sake. Die seidige Struktur, die das Eiweiß dem Drink verleiht, passt verführerisch gut zu den feinen Aromen des Orange Flower Water und den getrockneten Rosenblüten, die man problemlos in jedem Kräuterhandel oder in der Apotheke bekommt. Im Originalrezept, das ich 2012 als einer der 7 Samurai-Barchefs kreiert habe, verwende ich Rosé-Sake. Da dieser in guter Qualität aber etwas schwieriger zu finden ist, habe ich das Geschmacksprofil aus normalem Sake mit Lillet rosé rekonstruiert. Sollten Sie mal einen richtig guten Rosé-Sake in die Finger bekommen – unbedingt probieren!

ZUTATEN

50 ML JUNMAI GINJO SAKE
20 ML LILLET ROSÉ
15 ML FRISCHER LIMETTENSAFT
15 ML FRISCHER ZITRONENSAFT
1 DASH ZUCKERSIRUP (S. 158)
2 BL PUDERZUCKER
2 DASHES ORANGE FLOWER
  WATER
1 EIWEISS
GETROCKNETE ROSENBLÜTEN
SODA

LONGDRINKGLAS

ZUBEREITUNG

Alle Zutaten außer Soda im Shaker auf solidem Eis kräftig für 10–15 Sekunden shaken und in ein mit Eis gefülltes Longdrinkglas seihen. Mit Soda leicht aufspritzen.

Den kleinen Schuss Soda kann man nach dem Mixen auch direkt in den Shaker geben. So wird der Drink homogener.

GINTELLIGENCE NO. 1

Das Vorbild für diesen Hot Drink ist der Klassiker Tom Collins, der oft mit dem Fizz verwechselt wird. In der Zusammensetzung sind die beiden fast identisch, doch wird der Fizz in einem kleinen vorgekühlten Glas ohne Eis serviert und mit einem Schuss Soda aufgefizzt, während man den Collins in einem großen Longdrinkglas mit viel Soda verdünnt. Gintelligence No. 1 fand seinen Namen, weil mir durch Zufall bewusst wurde, wie unglaublich diese altbekannte Mischung heiß gemacht schmeckt: ein cleverer Drink zum Wärmen an kalten Herbst- und Wintertagen. Noch voller und kräftiger schmeckt er, wenn Sie Genever statt Gin verwenden.

ZUTATEN
60 ML GIN TANQUERAY NO. TEN
  ODER GENEVER
30 ML FRISCHER ZITRONENSAFT
20 ML TRIPLE-SIRUP (S. 160)
5 WACHOLDERBEEREN
100 ML HEISSES WASSER

**TEETASSE ODER
MISO-SUPPENSCHALE**

ZUBEREITUNG
Alle Zutaten außer Wasser in einem Topf oder Silberkännchen auf dem Herd erwärmen und mit heißem Wasser auffüllen. Die Wacholderbeeren in die Teetasse geben und den Drink in der Tasse servieren.

**Silber besitzt
eine besonders hohe
Wärmeleitfähigkeit
und hält Drinks länger
heiß bzw. kalt.**

36

MR. SERIOUS
CHAMPAGNE COCKTAIL

Ich gehöre zu den Menschen, die manchmal lieber beobachten, anstatt zu sprechen. Mit dieser Vorliebe habe ich mir bei Appleton auf Jamaika, einer der größten Rum-Destillerien der Karibik, den Spitznamen Mr. Serious eingefangen. Entstanden ist daraus ein Drink, bei dem man nicht viel reden muss und einfach nur genießen kann. Sie können für dieses Rezept – wie für die meisten meiner Drinks – statt der Sexy Bitters auch Angostura Bitters verwenden. Oder Sie probieren die Aromatic Bitters nach dem Rezept auf Seite 156.

ZUTATEN

20 ML DUNKLER JAMAIKA-RUM
10 ML FALERNUM (S. 159)
1 SQUEEZE FRISCHE LIMETTE
2 DASHES SEXY BITTERS
CHAMPAGNER PERRIER JOUËT
 GRAND BRUT

**CHAMPAGNERGLAS ODER
SILBERBECHER**

ZUBEREITUNG

Alle Zutaten außer Champagner im Shaker auf solidem Eis hart shaken und in ein vorgekühltes Champagnerglas oder einen Silberbecher abseihen. Mit eiskaltem trockenem Champagner auffüllen.

Kühlen Sie Gläser
im Gefrierschrank vor.
Oder geben Sie Crushed Ice
ins Glas, das Sie vor
dem Einfüllen des Drinks
wieder ausschütten.

PEARL HARBOUR

Sake und Cranberrys sind eine Spitzen-Kombination, besonders wenn man sie heiß genießt. Allerdings sollten Sie Folgendes beachten: Erwärmen Sie guten Sake zum Purtrinken niemals höher als 40–50 °C. Noch heißer werden eigentlich nur schlechte Qualitäten erhitzt, weil dann geschmackliche und qualitative Fehler vertuscht werden können. Das gilt auch für Mixgetränke mit Sake, wobei man hier mit der Temperatur ein wenig höher gehen kann.

ZUTATEN

20 ML RUNNY HONEY (S. 160)
5 DÜNNE SCHEIBEN (2 MM)
 FRISCHER INGWER,
 UNGESCHÄLT
100 ML JUNMAI GINJO SAKE
50 ML CRANBERRYSAFT
2 DASHES LEMON BITTERS
2 KARDAMOMKAPSELN

**KLEINER TOPF ODER
SILBERKÄNNCHEN**

KLEINE TASSE

ZUBEREITUNG

Honig und Ingwer in den Topf oder das Kännchen geben und mit dem Muddler andrücken, damit sich die Aromen miteinander verbinden. Sake, Lemon Bitters und Cranberry-saft zugeben und auf dem Herd oder mit der Dampfdüse einer Espressomaschine sanft auf 50–60 °C erhitzen. Am besten kontrollieren Sie die Temperatur mit einem Braten-thermometer. Kardamomkapseln andrücken, in die Tasse legen und den Drink in die Tasse abseihen.

**Für heiße Sake-Drinks
immer trockenen
(Karakuchi-)Sake verwenden.
Dieser wird beim
Erhitzen süßer und man
spart Zucker.**

HAUSGEMACHTES GINGER BEER

Ja, ja, es ist schon etwas verwirrend mit dem Ginger Beer bzw. Ginger Ale. Im 18. Jahrhundert wurde Ginger Beer noch nicht mit Kohlensäure versetzt, sondern mit Hefe vergoren, wodurch auch etwas Alkohol entstand. Deshalb fiel es der amerikanischen Prohibition zum Opfer. Als alkoholfreie Variante entstand eine künstlich aromatisierte Ingwerlimonade, die bis heute als Ginger Ale bekannt ist. Sie ist für einige Drinks unverzichtbar geworden, allerdings verwende ich für meine Rezepte nur Ginger Beer, das sich in der Charakteristik komplett von Ginger Ale unterscheidet. Auch Ginger Beer gibt es inzwischen wieder zu kaufen, aber geschmacklich kommt es an hausgemachtes nicht heran. Und meine Methode ist so einfach … also bitte unbedingt ausprobieren!

ZUTATEN

1 TEIL FRISCHER INGWERSAFT
1,5–2 TEILE ZUCKERSIRUP
  (S. 158)
3 TEILE FRISCHER
  ZITRONENSAFT
10 TEILE LEITUNGSWASSER
  ODER STILLES MINERAL-
  WASSER

ZUBEREITUNG

Die Säfte durch ein feines Sieb gießen und mit den übrigen Zutaten mischen. Einen Liter davon in einen Sodasiphon füllen und mit einer CO_2-Kapsel beschicken. Am besten 3 Stunden kalt stellen, damit sich die Kohlensäure besser mit der Flüssigkeit verbindet – und fertig. Für Experimentierfreudige: Karbonisieren Sie die Mischung nicht im Siphon, sondern in der Flasche unter Zugabe von Champagnerhefe (24 Hefekugeln/24 Stunden Gärung), und seien Sie gespannt auf das Ergebnis.

Schnelle Variante ohne Sodasiphon: Nehmen Sie Mineralwasser mit sehr viel Kohlensäure statt stilles Wasser.

MOSCOW MULE & CO.

Hier stelle ich einige Beispiele zur Verwendung des leckeren selbst gemachten Ginger Beers vor. In der Goldenen Bar wird die Mischung zu jeder Tageszeit heiß oder kalt und ohne alles serviert: einfach einen großen Squeeze frische Orange in das Glas oder die Tasse drücken und genießen. Kalt ist der Drink eine köstliche Erfrischung und heiß nicht nur im Winter eine wärmende und leckere kleine Medizin, von der man bedenkenlos und auch ohne Erkältung mehrere Tassen trinken kann. Mein persönlicher Favorit ist Sexy Ginger Beer alkoholfrei – mit ein paar Dashes Sexy Bitters und einem großen Squeeze Orange.

ZUTATEN FÜR ALLE VARIANTEN
50 ML SPIRITUOSE
120 ML HAUSGEMACHTES GINGER BEER
DEKORATION

LONGDRINKGLAS

Eine Spirituose plus Ginger Beer nennt man »Mule«. Fügt man einen Squeeze Limette hinzu, heißt es »Buck«.

FÜR EINE VARIANTE MIT ALKOHOL NEHMEN SIE GANZ EINFACH IHRE LIEBLINGSSPIRITUOSE. ODER SIE PROBIEREN EINEN DER FOLGENDEN KLASSIKER:

MOSCOW MULE –
mit Wodka, garniert mit einer Gurkenscheibe

ISLAY MULE –
mit Ardbeg Ten oder einem anderen rauchigen Single Malt

LONDON BUCK –
mit Gin, garniert mit einem Squeeze frische Limette

DARK & STORMY –
mit Goslings Black Seal Rum und einem kleinen Squeeze frische Limette

SHOCHU BUDO SHOGA –
mit Shochu und einem Schuss rotem Traubensaft

ZUBEREITUNG
Alle Zutaten auf Eis im Glas aufbauen.

SANTINO

Der Crodino, den ich für diesen Drink verwende, ist ein alkoholfreier italienischer Bitteraperitif mit Kohlensäure. Ähnlich dem Sanbitter oder Bitterino, lässt er sich durch seine schönen bitter-fruchtigen Noten zu wunderbaren alkoholfreien Drinks mit Komplexität und Tiefe verarbeiten.

ZUTATEN
100 ML CRODINO
20 ML FRISCHER ANANASSAFT
100 ML GINGER BEER (S. 42)
5 DÜNNE (2 MM) SCHEIBEN
 SALATGURKE

GROSSES WEINGLAS

ZUBEREITUNG
Das Weinglas bis zum Rand mit Eis füllen und ein Fläschchen Crodino über das Eis gießen. Den Ananassaft dazugeben und mit 100 ml Ginger Beer auffüllen. Gurkenscheiben in den Drink stecken und leicht umrühren.

Gurke und Ananas sind aromatisch perfekte Partner.

BANKSY

In der Goldenen Bar sagen wir eigentlich zu nichts Nein. Trotzdem sind wir der Meinung, dass die Zeit von schweren, sahnelastigen Cocktails längst vorbei ist. Um den Gast, der eigentlich eine Piña Colada wollte, charmant zu einer sinnvollen Alternative zu überreden, reicht es meist schon, die Zutaten unseres Banksy genüsslich aufzuzählen: guter weißer Rum, frischer Ananassaft, Bio-Kokosnusswasser. Am Ende ist ausnahmslos jeder begeistert, besonders die Damen. Gewidmet habe ich diesen Drink einem meiner Lieblings-Graffitikünstler, Banksy. Und vermutlich ist Ihnen längst das kleine Wortspiel mit dem im Drink verwendeten Spitzenrum aufgefallen.

ZUTATEN
60 ML WEISSER RUM BANKS
  5 ISLANDS
40 ML FRISCHER ANANASSAFT
40 ML BIO-KOKOSNUSSWASSER
EINIGE DASHES ZUCKERSIRUP
  (S. 158), NACH GESCHMACK

COCKTAILGLAS

ZUBEREITUNG
Alle Zutaten in einen Shaker geben und mit solidem Eis hart shaken. Je nach Süße der Ananas gegebenenfalls mit ein paar weiteren Spritzern Zuckersirup abrunden. In ein vorgekühltes Cocktailglas doppelt abseihen.

Für tolle Röstaromen im Drink karamellisieren Sie die Ananasstücke vor dem Entsaften in einer Pfanne, bis sie goldbraun sind.

BISHOP

Manche Drinks schmecken nicht nur gut, sondern sind gleichzeitig ein gutes Hausmittel. Ingwer, Honig, Vitamine und die erprobte Kräutermischung der Chartreuse (S. 165) helfen Ihnen bei Erkältung wieder auf die Beine.

ZUTATEN
5 DÜNNE SCHEIBEN (2 MM)
 FRISCHER INGWER,
 UNGESCHÄLT
1 BL HONIG
80 ML HEISSES WASSER
20–40 ML CHARTREUSE VERTE
 V. E. P.

KLEINE TASSE

ZUBEREITUNG
Honig und Ingwer in der Tasse zusammen andrücken, damit die Aromen von Saft und Ingwer sich mit der Süße des Honigs verbinden. Mit heißem, aber nicht kochendem Wasser auffüllen. Nach Belieben Chartreuse verte V. E. P. über den Drink geben und heiß genießen (Abb. links).

RESCUE REMEDY PUNCH

Kurz vor dem Einschlafen genossen, bringt Sie dieser Drink über Nacht richtig zum Schwitzen, was guttut und oft erkältungslindernd wirkt.

ZUTATEN
40 ML ABSINTHE DUPLAIS VERTE
80 ML GINGER BEER (S. 42)

**KLEINE TEETASSE ODER
HITZEBESTÄNDIGES GLAS**

ZUBEREITUNG
Beide Zutaten im kleinen Kochtopf oder mit der Dampfdüse der Espressomaschine sanft erhitzen, aber nicht kochen. In einer kleinen Teetasse oder einem hitzebeständigen Glas servieren (Abb. rechts).

EAST VILLAGE

Vor ein paar Jahren – mein hochgeschätzter Kollege Stefan Gabanyi und ich arbeiteten damals zusammen im Münchener Schumann's – haben wir uns von H. I. Williams' Klassiker *3 Bottle Bar* von 1943 inspirieren lassen, einige Drinks nach der Idee des Buchs zu kreieren. Alle Rezepte sollten mit nur drei verschiedenen Spirituosen herzustellen sein. So entstand der East Village, der sich mittlerweile zu einem unserer meistverkauften modernen Klassiker entwickelt hat. Im Originalrezept wurde der Sake noch durch einen kleinen Schuss Gin unterstützt, aber ich mag die leichtere Variante ohne Gin mittlerweile lieber.

ZUTATEN
60 ML JUNMAI GINJO SAKE
1 BL HIMBEERSIRUP (S. 159)
5 ML ORANGE CURAÇAO
30 ML CRANBERRYSAFT
1 KLEINER SQUEEZE LIMETTE
1 ORANGENZESTE ZUM
 ABSPRITZEN

COCKTAILGLAS

ZUBEREITUNG
Alle Zutaten auf solidem Eis kräftig shaken und in ein vorgekühltes Cocktailglas seihen. Mit einer kleinen Orangenzeste parfümieren.

Sake passt sehr gut zu roten Früchten wie Cranberrys oder Himbeeren.

GOLDEN BRAMBLE

Man braucht nicht viel, um einfachen Drinks das gewisse Etwas zu verleihen. Hier sorgt eine kleine Spritze für große Aha-Effekte. Noch besser wird's mit dem unten beschriebenen gegrillten Zitrussaft.

ZUTATEN
50 ML GIN TANQUERAY NO. TEN
30 ML FRISCHER ZITRONENSAFT
2 BL PUDERZUCKER
20 ML LIKÖR BIGALLET CHINA
   CHINA
KLEINE KANÜLE

COCKTAILGLAS

ZUBEREITUNG
Gin, Saft und Zucker im Shaker auf solidem Eis hart schütteln und in das mit Crushed Ice gefüllte Glas seihen. Mit etwas Crushed Ice toppen. China China in die Kanüle füllen und in den Drink stecken. Kurz vor dem Genießen den Likör in den Drink drücken (Abb. rechts).

HIBISCO DE JALISCO

Um »gegrillten« Zitrussaft herzustellen, geben Sie die halbierte Limette vor dem Pressen mit den Schnittflächen in eine heiße Pfanne ohne Öl, bis sie appetitlich gebräunt sind. Das verleiht wunderbare Röstnoten.

ZUTATEN
1 LIMETTE
HIBISKUSZUCKER (S. 162)
50 ML WEISSER TEQUILA
30 ML FRISCHER LIMETTENSAFT
15 ML TRIPLE-SIRUP (S. 160)
10 ML BEERENLIKÖR CHAMBORD

COCKTAILGLAS

ZUBEREITUNG
Mit der Schnittfläche der Limette den Außenrand des Cocktailglases befeuchten und in Hibiskuszucker tauchen, damit ein etwa 1 cm breiter Crusta entsteht. Tequila, Limettensaft und Triple-Sirup auf solidem Eis im Shaker hart schütteln und in das Glas doppelt abseihen. In die Mitte des Drinks 10 ml Chambord gießen, der sich am Boden des Glases absetzt (Abb. links).

TOXIC GARDEN

Wenn Sie noch einen Beweis brauchten, dass alkoholfreie Drinks nicht langweilig, süß und plump daherkommen müssen, hier ist er. Statt Pfefferminze können Sie auch andere frische Kräuter verwenden oder beimischen. Machen Sie doch mal einen kleinen Ausflug in Ihren Küchengarten: Thymian, Basilikum, Thai-Basilikum, Brennnesseln oder auch Salatblätter – alles ist möglich. Übrigens wurde die Limonade 7up bis Mitte der 1950er-Jahre ausschließlich in Apotheken verkauft und galt als sanfte Medizin gegen Depressionen. Medizinische Wirkstoffe sind heute keine mehr enthalten, das Rezept aber ist nach wie vor knackig, frisch und unverwechselbar.

ZUTATEN

EINE KLEINE HANDVOLL FRISCHE
  PFEFFERMINZBLÄTTER ODER
  ANDERE KRÄUTER
3 DASHES CELERY BITTERS
10 ML HOLUNDERBLÜTENSIRUP
  (S. 159)
100 ML 7UP
100 ML TONIC WATER EXTRA DRY
3–4 DÜNNE (2 MM) SCHEIBEN
  SALATGURKE

LONGDRINKGLAS

ZUBEREITUNG

Die Pfefferminzblätter oder andere Kräuter mit Eis in das Longdrinkglas geben und mit den Bitters, Holunderblüten-sirup, 7up und Tonic Water übergießen. Die Gurkenscheiben in den Drink geben. Nochmals sanft aufrühren und servieren.

KLAUS OF PAIN

Tiki Time! Dieser Drink ist ziemlich kräftig und garantiert ein Erfolg auf jeder Party, da er mit einem Hauch Koffein, Vitamin C und frischem Ingwer das Durchhalten unterstützt. Sie können ihn mit selbst gemachten Zutaten mixen oder als schnelle, aber auch weniger spannende Variante komplett auf kaufbare Produkte setzen. Funktionieren tut beides, aber es lohnt sich, wie bei allen anderen Drinks, ein wenig Mehraufwand für Hausgemachtes zu investieren. Nehmen Sie sich die Zeit. Ihre Gäste werden es Ihnen danken.

ZUTATEN

60 ML DUNKLER JAMAIKA-RUM

10 ML WEISSER RUM WRAY & NEPHEW WHITE OVERPROOF

10 ML AGAVENKAFFEE (S. 163) ODER TIA MARIA

40 ML FRISCHER ANANASSAFT

6 DASHES SEXY BITTERS

40 ML GINGER BEER (S. 42)

TIKI-BECHER ODER GROSSES LONGDRINKGLAS (ETWA 300 ML)

ZUBEREITUNG

Alle Zutaten außer Ginger Beer im Shaker auf solidem Eis shaken und in einen mit Crushed Ice gefüllten Tiki-Becher oder ein großes Glas seihen. Mit Ginger Beer und frischem Crushed Ice toppen. Fancy dekorieren und servieren.

Einer der wenigen Tiki-Drinks ohne Zitrussäure (außer im Ginger Beer)! Für Menschen mit empfindlichem Magen sehr zu empfehlen!

YAMAHAI

Gin und Sake ergänzen sich wunderbar. Bei diesem Twist eines Improved Gin Cocktails spielen die fruchtigen Noten des Tanqueray No. Ten bestens mit den weichen und floralen Noten des hochwertigen Daiginjo Sake zusammen.

ZUTATEN
1 ROHZUCKERWÜRFEL
30 ML GIN TANQUERAY NO. TEN
30 ML JUNMAI DAIGINJO SAKE
2 DASHES ORANGE BITTERS
1 ZITRONENZESTE ZUM
  ABSPRITZEN

ZUBEREITUNG
Alle Zutaten ins Glas geben. Den Zuckerwürfel mit dem Löffelende zerdrücken und rühren, bis er sich aufgelöst hat. Dann so lange Eiswürfel zugeben und rühren, bis so viel Schmelzwasser entstanden ist, dass das Glas bis einen Fingerbreit unter den Rand gefüllt ist. Mit einer kleinen Zitronenzeste abspritzen (Abb. rechts).

OLD FASHIONED

ICHIGO ICHIE

Ichigo Ichie steht in Japan für die einmalige Chance einer Begegnung, den perfekten ersten Eindruck – perfekt wie die Kombination von robusterem Junmai Sake mit Gin und Wermut.

ZUTATEN
20 ML GIN TANQUERAY NO. TEN
40 ML JUNMAI SAKE
40 ML WERMUT CARPANO
  ANTICA FORMULA
ORANGEN- UND ZITRONEN-
  ZESTE ZUM ABSPRITZEN

ZUBEREITUNG
Alle Zutaten im Becherglas auf viel Eis rühren und mit je einer kleinen Orangen- und Zitronenschale abspritzen (Abb. links).

KLEINES BECHERGLAS

LEMMY KILMISTER'S RUM GROG

Natürlich ist dies nicht der Lieblingsdrink von Lemmy, denn jedes Kind weiß, dass der Leadsänger von Motörhead am liebsten Jack Daniel's mit Cola trinkt, wenn er am Flipper zockt. Warum ich trotzdem einen meiner liebsten Hot Drinks dem größten Rockstar aller Zeiten gewidmet habe? Weil die Herstellung nur unwesentlich mehr Zeit braucht als ein Gitarrensolo, das laut Lemmy auf keinen Fall länger dauern darf als das Öffnen einer Bierflasche.

ZUTATEN
60 ML KRÄFTIGER DUNKLER RUM
2 BL FEIGENMARMELADE
15 ML FALERNUM (S. 159)
20 ML FRISCHER ZITRONENSAFT
40 ML FRISCHER ORANGENSAFT
40 ML HEISSES WASSER
2 STÜCK STERNANIS
FRISCHER ROSMARIN

**GROSSE TASSE ODER HITZE-
BESTÄNDIGES HENKELGLAS**

ZUBEREITUNG
Alle Zutaten außer Sternanis und Rosmarin in einem kleinen Topf erhitzen und in die vorgewärmte Tasse oder das Glas gießen. Mit einem guten Schuss heißem Wasser auffüllen und mit dem Rosmarinzweig und Sternanis dekorieren. Zum Schluss, wenn Sie möchten, die Nadeln des Rosmarins anzünden, damit hier der Rauch und das Aroma so richtig aufgehen.

Hören Sie dazu
doch mal das Motörhead-
Album *Bastards*!

FRESH PALOMA

Die Paloma, das Nationalgetränk Mexikos, hat in den letzten Jahren auch in unseren Breitengraden den großen Durchbruch geschafft. Besonders im Sommer ist sie eine köstliche, allerdings nicht ganz ungefährliche Erfrischung. Das Salz gibt dem Drink den besonderen Kick und versorgt den Körper mit Elektrolyten, was ganz gut gegen einen Hangover wirkt. Auch hier lohnt es sich wieder, die Limonade selbst zu machen, denn es geht so einfach und schmeckt noch besser. Für eine leckere alkoholfreie Variante lassen Sie den Tequila weg und stecken einfach ein Bouquet frische Pfefferminze in den Drink.

ZUTATEN
50 ML WEISSER TEQUILA
EINE PRISE FLEUR DE SEL
1–2 SQUEEZES FRISCHE LIMETTE
120 ML PINK-GRAPEFRUIT-
    LIMONADE (S. U.)

LONGDRINKGLAS

ZUBEREITUNG
Tequila, Fleur de Sel und Limette im Longdrinkglas mit Eis rühren und mit Pink-Grapefruit-Limonade auffüllen.

PINK-GRAPEFRUIT-LIMONADE

ZUTATEN
1 TEIL FRISCHER ZITRONENSAFT
1 TEIL ZUCKERSIRUP (S. 158)
6 TEILE FRISCHER
    PINK-GRAPEFRUIT-SAFT
6 TEILE LEITUNGSWASSER ODER
    STILLES MINERALWASSER

ZUBEREITUNG
Die Säfte nach dem Pressen finestrainen, damit das Fruchtfleisch nicht den Siphon verstopft. Alle Zutaten mischen, einen Liter davon in einen Sodasiphon geben und mit 1–2 Kohlensäurepatronen befüllen. Am besten vor der Verwendung 3 Stunden kalt stellen, damit sich die Kohlensäure besser mit der Flüssigkeit verbindet. Wer keinen Sodasiphon besitzt, kann statt stillem Wasser auch Mineralwasser mit viel Kohlensäure verwenden.

WALTHER PPK

Mit Mirko Hecktor, Balletttänzer, Künstler, DJ und Produzent, verbindet mich eine enge Freundschaft. Ihm ist dieser Drink gewidmet, benannt nach dem Walther PPK Club, einem Event-Konzept in der Münchener Club-Szene, bei dem wir uns vor vielen Jahren kennengelernt haben. Der Drink ist ziemlich kräftig und enthält alles, was wir gerne mögen, um in eine lange Nacht zu starten.

ZUTATEN
ABSINTHE DUPLAIS VERTE
40 ML KAKAO-DESTILLAT,
  Z.B. MOZART DRY
20 ML BRANCA MENTA
1 DASH ANGOSTURA BITTERS

COCKTAILGLAS

ZUBEREITUNG
Absinth in einen kleinen Parfümzerstäuber füllen und das Glas innen mit einem Sprühstoß benetzen. Das Aroma des Absinths ist somit ganz subtil in den Drink mit eingebunden. Alle anderen Zutaten auf solidem Eis im Shaker schütteln und doppelt in das Cocktailglas abseihen.

Ein kleines Glas Absinth zum Auftakt einer langen Nacht hilft der Leber den Alkohol besser zu verarbeiten.

66

ARSHAVIN

Wie bei vielen meiner alkoholfreien Rezepte verwende ich hier leicht alkoholische Cocktailbitters. Ihr Geschmack ist wichtig, um dem Drink mehr Tiefe zu geben. Insgesamt enthält er aber weniger Prozente als ein alkoholfreies Bier.

ZUTATEN
100 ML RHABARBERSAFT
100 ML GINGER BEER (S. 42)
5 DASHES PEYCHAUD'S BITTERS
2 SQUEEZES PINK GRAPEFRUIT

GROSSES WEINGLAS

ZUBEREITUNG
Das Weinglas mit großen Eiswürfeln füllen. Saft, Ginger Beer und Bitters dazugeben und leicht aufrühren. Zwei große Grapefruitspalten in den Drink drücken und dazugeben (Abb. rechts).

BITTERMAN'S FRIEND

Und noch ein Vorschlag für Freunde bitterer Fruchtigkeit und Komplexität – quasi ohne Alkohol. Nach diesem Drink können Sie sich bedenkenlos hinters Steuer setzen.

ZUTATEN
100 ML SANBITTER
100 ML GINGER BEER (S. 42)
5 DASHES PEYCHAUD'S BITTERS
2 SQUEEZES ORANGE

GROSSES WEINGLAS

ZUBEREITUNG
Die Zutaten auf großen Eiswürfeln im Weinglas zusammenschütten und kurz umrühren. Zwei große Orangenspalten sanft ausdrücken und dazugeben (Abb. links).

MÜNCHENER EISKAFFEE

Münchener Eiskaffee war bereits in den 1950er-Jahren bekannt und wurde damals mit Filterkaffee auf Eis und Schlagsahne serviert. Das funktioniert natürlich nach wie vor wunderbar, jedoch finde ich die Variante mit Kaffeekonzentrat oder einem Cold Drip und einer Haube aus nur leicht geschlagener Sahne weit besser. Das Kaffeekonzentrat hat den Vorteil, dass man es zwei Wochen lang ohne Geschmacksverlust im Kühlschrank aufbewahren und jederzeit verwenden kann. Cold Drip ist nicht ganz so lange haltbar, aber der Kaffee ist hocharomatisch und seine fruchtigen Noten sind an heißen Tagen besonders erfrischend.

ZUTATEN
120 ML KAFFEEKONZENTRAT
 ODER COLD DRIP (S. U.)
SAHNE, HALBSTEIF
 GESCHLAGEN

**HIGHBALL ODER KLEINES
BECHERGLAS**

ZUBEREITUNG
Kaffeekonzentrat in ein mit großen Eiswürfeln gefülltes Highballglas gießen und mit halbsteif geschlagener Sahne toppen.

KAFFEEKONZENTRAT
Sie können das folgende Rezept auch in einer French-Press-Cafetière herstellen, wenn Sie die Mengen entsprechend dem Kannenvolumen anpassen. Für einen Cold Dripper (S. 12) nehmen Sie 80 g frisch gemahlenen Kaffee auf 1 l Wasser. Es sollte sich um 100 % Arabica-Kaffee aus fairem Anbau handeln.

ZUTATEN
240 G KAFFEE, GROB GEMAHLEN
1 L KALTES WASSER

ZUBEREITUNG
Kaffee und Wasser mischen und 8–12 Stunden ziehen lassen. Anschließend filtern und vor Gebrauch im Verhältnis 1:3 mit Wasser verdünnen.

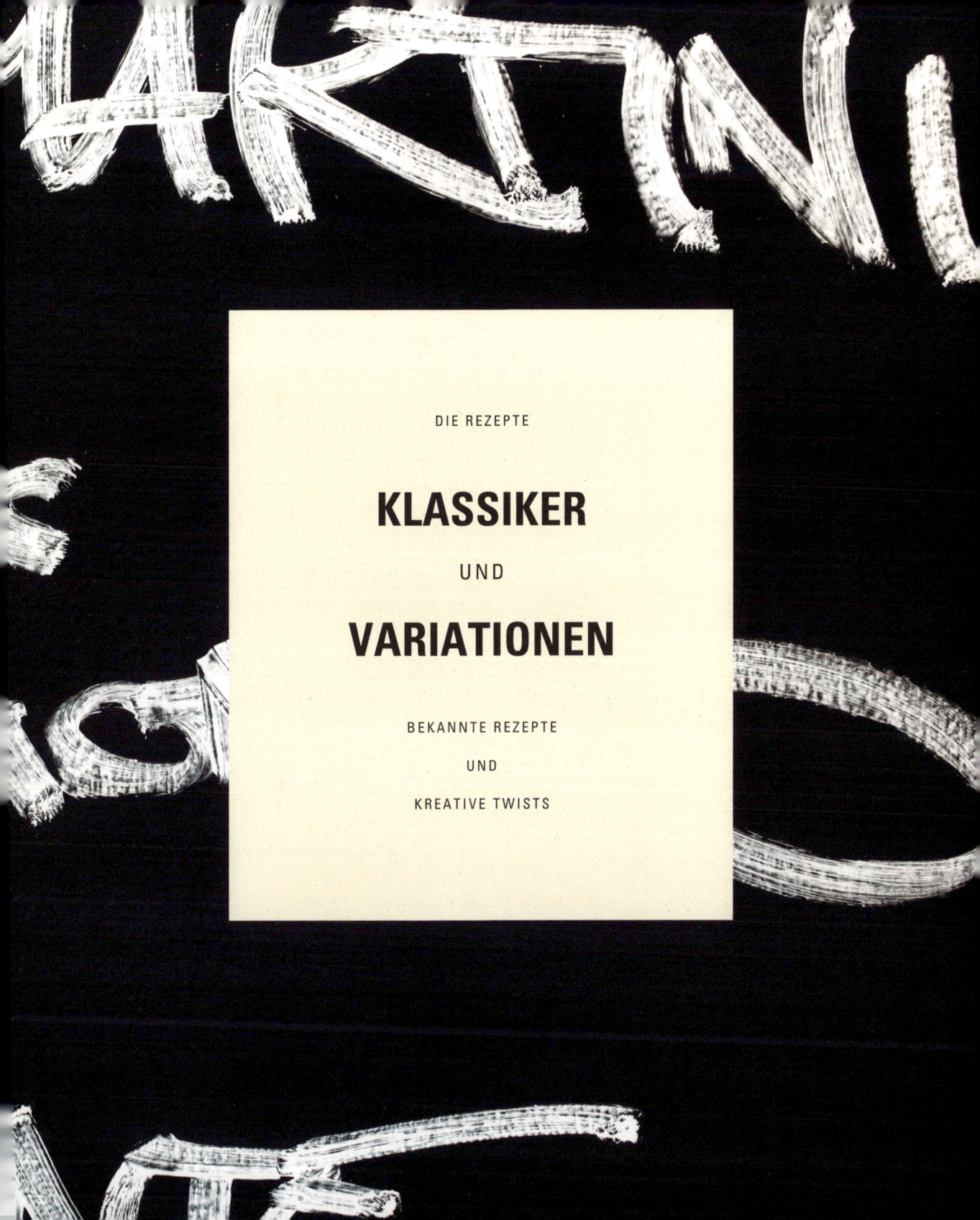

DIE REZEPTE

KLASSIKER

UND

VARIATIONEN

BEKANNTE REZEPTE

UND

KREATIVE TWISTS

KALTE ENTE 2011

Die Kalte Ente war bereits vor hundert Jahren ein beliebtes Erfrischungs-getränk aus Champagner, Weißwein und Selters, vermischt mit einer Zitronenzeste. Bei meiner Version von 2011 verzichte ich auf den Wein und runde die spritzige Schorle mit Kamillensirup ab. Für eine Party multiplizieren Sie einfach die Zutaten mit der Anzahl der Gäste und verdoppeln oder verdreifachen die Menge nochmals – je nach Durst. In einer großen Bowleschale machen sich die frischen Blüten sehr gut. Sie sind nicht nur optisch ein Highlight, sondern geben auch ein feines florales Aroma an die Mischung ab.

ZUTATEN
1 BIO-ZITRONE
100 ML CHAMPAGNER PERRIER
  JOUËT GRAND BRUT
100 ML SODA
10 ML KAMILLENSIRUP (S. 159)
ESSBARE BLÜTEN, FRISCH ODER
  GETROCKNET

GROSSES WEINGLAS

ZUBEREITUNG
Die Enden der Zitrone abschneiden und die Frucht vorsichtig kreisrund wie einen Apfel schälen, um eine lange Zeste zu er-halten. Das Glas mit Eiswürfeln füllen und die Zitronenzeste spiralförmig ins Glas drapieren. Vorsichtig den Champagner einfüllen und mit Soda toppen. Kamillensirup darübergeben und mit Blüten dekorieren.

In Wien heißt
die Champagnerschorle
»Feing'spritzter«.

DRY MARTINI

Eine der ersten Erwähnungen des Martini-Cocktails findet sich in Thomas Stuarts Buch *Stuart's Fancy Drinks and How to Mix Them* von 1896: ein ausgewogener Drink mit einem Drittel trockenem französischem Wermut, zwei Drittel trockenem Gin, Bitters und der Zeste einer Zitrone. Leider hat sich der Dry Martini im letzten Jahrhundert zu einem einfachen Glas Schnaps entwickelt. Verantwortlich dafür war u. a. Ernest Hemingway, der durch seine 15:1-Variante den Startschuss für die immer trockener gewordenen Martinis gegeben hatte. Auf die Spitze trieb es schließlich Ian Fleming, indem er seinen 007 sogar Wodka statt Gin in diesen wunderbar aromatischen Klassiker gießen ließ.

ZUTATEN

60 ML GIN TANQUERAY NO. TEN
30 ML TROCKENER WERMUT
2 DASHES ORANGE BITTERS
1 KLEINE ZITRONENZESTE ZUM
  ABSPRITZEN

COCKTAILGLAS

ZUBEREITUNG

Ein Rührglas mit Eis füllen und ohne Zutaten rühren. Das Schmelzwasser abgießen. Gin, Wermut und Bitters dazugeben und kaltrühren. In ein vorgekühltes Cocktailglas abseihen und mit einer Zitronenzeste parfümieren, sodass sich die ätherischen Öle der Schale über die Oberfläche des Drinks legen.

Die Olive im Drink ist zwar verbreitet, hat darin aber eigentlich nichts verloren.

GOLDENER BARTINI
ON THE ROCKS

Jede Bar braucht ihren »Signature Martini Cocktail«. Unser Twist richtet sich nach einer der ersten Erwähnungen des Dry Martini in Thomas Stuarts Mixbuch von 1896, nur dass ich Lillet blanc statt trockenem französischem Wermut verwende. Serviert wird er in der Goldenen Bar auf echten »Rocks«, nämlich tiefgefrorenen Isarsteinen. Welche Kiesel Sie nehmen, ist egal, nur glatt sollten sie sein. So bleibt der Drink schön kühl und verwässert nicht, denn die Rezeptur ist perfekt, wenn sie aus dem Rührglas kommt.

ZUTATEN
60 ML GIN TANQUERAY NO. TEN
30 ML LILLET BLANC
2 DASHES ORANGE BITTERS
1 KLEINE ZITRONENZESTE ZUM
  ABSPRITZEN
GEFRORENE ISARSTEINE

OLD FASHIONED

ZUBEREITUNG
Alle Zutaten im Rührglas mit doppelt gefrosteten Eiswürfeln 72 Mal rühren und in das Old-Fashioned-Glas mit den gefrorenen Steinen geben. Mit einer kleinen Zitronenzeste parfümieren, diese aber nicht in den Drink geben.

Die Steine im Geschirrspüler reinigen und bei − 18 °C im Gefrierschrank tiefkühlen.

CHAMPAGNERCOCKTAIL

Bereits in Jerry Thomas' *How to Mix Drinks, or the Bon Vivant's Companion* von 1862 fand dieser Klassiker der ersten Stunde Erwähnung. Früher hat man den Champagnercocktail auch gerne mit Cognac serviert – eine perfekte Verbindung, die jedoch aus diesem sanften Drink eine gefährliche Waffe macht. Klassisch wird der Cocktail mit einer Zitronen- zeste abgespritzt (S. 26), wodurch die Zitrusöle sich auf die Oberfläche legen und sie wunderbar frisch aromatisieren. Leider zerstören die Öle die Perlage des Champagners, was mich dazu brachte, sie über den Zuckerwürfel in den Drink zu transportieren.

ZUTATEN
1 STÜCK WÜRFELZUCKER
1 BIO-ZITRONE
SEXY BITTERS ODER ANDERE
 BITTERS
20 ML COGNAC (NACH BELIEBEN)
1 GLAS CHAMPAGNER PERRIER
 JOUËT GRAND BRUT

CHAMPAGNERGLAS

ZUBEREITUNG
Den Würfelzucker an allen Seiten kräftig an der Schale der Zitrone abreiben, um ihn zu aromatisieren. Mit den Bitters tränken, ins Glas geben und, wenn Sie möchten, 20 ml guten Cognac daraufgießen. Vorsichtig mit eisgekühltem Cham- pagner auffüllen. Nicht umrühren! Der Drink ist anfangs trocken und wird zum Ende hin kräftiger und süßer. Der letzte Schluck ist aromatisch und süß.

Eine interessante Alternative: Servieren Sie den Champagner nicht als Cocktail, sondern straight und dazu selbst gemachte Angostura Marshmallows (S. 152).

FROZEN SAZERAC

Gönnen Sie sich dieses Sommervergnügen! Nahezu jeder trockene Klassiker lässt sich nach dieser Methode in einen Frozen Drink verwandeln. Achten Sie allerdings darauf, mehr Sirup zu verwenden, als im Originalrezept angegeben ist. Wenn Sie mit einem Granitor arbeiten, sollte die gleiche Menge Wasser wie Alkohol zugegeben werden, weil der Drink sonst zu stark wird – umwerfende Wirkung nicht auszuschließen …

ZUTATEN
50 ML BULLEIT RYE WHISKEY
20 ML ZUCKERSIRUP (S. 158)
5 ML ABSINTHE DUPLAIS VERTE
5 DASHES PEYCHAUD'S BITTERS
1 DASH ANGOSTURA BITTERS

LONGDRINKGLAS

ZUBEREITUNG
Alle Zutaten mit einer Portion Crushed Ice (ein Glas voll) im Elektromixer mischen und in ein Longdrinkglas geben. Falls Sie den Drink in einem Granitor herstellen möchten, ersetzen Sie das Eis durch 50 ml stilles Wasser und verarbeiten die Zutaten, bis die Konsistenz halbgefroren und cremig ist.

PROBIEREN SIE AUCH DIESE SOMMER-HIGHLIGHTS:

FROZEN GIN AND TONIC:
ganz klassisch oder alternativ mit Sloe Gin (S. 162) bzw. einem Cold Drip (Rote Bete, Hibiskus, Brennnessel, S. 163)

FROZEN VERMOUTH AND TONIC:
aromatisch und etwas leichter als mit Gin

Mit Trinkhalm servieren und mit Vorsicht genießen, da man den Alkohol kaum schmeckt, aber sehr bald spürt!

PINK GIN NO. TEN

Pink Gin wurde seinerzeit auf Schiffen der britischen Marine getrunken. Mit Alkohol bekämpfte man Infektionskrankheiten und Gin gehörte daher zur Grundausstattung in jeder Kombüse. Da er meist hochprozentiger war als heute, verdünnte man ihn 1:1 mit kaltem Wasser. Ich empfehle diesen Drink nicht als Medizin, sondern weil er das Erkunden verschiedener Gin-Sorten zu einer Freude macht. Bei etwa 25 Prozent Alkoholgehalt schmeckt und riecht man am meisten von einer Spirituose. Noch mehr Variationen ergeben sich, wenn man verschiedene Bitters ausprobiert. Ihre Würzigkeit rundet den Geschmack ab.

ZUTATEN

50 ML EISKALTER TANQUERAY NO. TEN
50 ML EISKALTES STILLES WASSER
5 DASHES SEXY BITTERS ODER ANDERE BITTERS

GROSSES WEINGLAS

ZUBEREITUNG

Den Gin im Gefrierschrank bei – 18 °C kühlen. Das Weinglas mit ein paar Eiswürfeln ausschwenken, um es vorzukühlen. Alles ausschütten und 5 Dashes Bitters ins Glas geben. Neigen und drehen, bis das Glas innen komplett benetzt ist. Hier empfiehlt es sich, das erste Mal tief ins Glas hineinzuriechen. Den eiskalten Gin hineingeben, erneut schwenken und riechen. Das Eiswasser dazugeben, kurz schwenken und genießen.

Wasser zur Spirituose zu geben ist die beste Methode, ihre Qualität zu erkunden.

FRENCH DAISY

Die Daisy ist eine Mutation des Sours und entstand Mitte des 19. Jahrhunderts. Ursprünglich bildete sie zusammen mit Fizz und Collins das Dreigestirn der Drinks, die mit Soda aufgespritzt wurden. Die »Old School«-Daisy tauchte erstmals in Jerry Thomas' *How to Mix Drinks* von 1876 auf. Sie bestand aus Spirituose, Zitrone und Orange Cordial und wurde mit einem Schuss Soda im kleinen Becherglas serviert. Später nahm man größere Gläser, ersetzte den Likör durch knallige Sirups und dekorierte mit allem, was der Obstkorb hergab. Ein richtiger Fancy Drink, der eine Wiederentdeckung lohnt.

ZUTATEN
60 ML COGNAC V.S.O.P.
20 ML CHARTREUSE JAUNE
20 ML FRISCHER ZITRONENSAFT
1 BL ABSINTHE DUPLAIS VERTE
1 BL ZUCKERSIRUP (S. 158)
ETWAS SODA
FRISCHE PFEFFERMINZE
FRÜCHTE DER SAISON

GROSSES WEINGLAS

ZUBEREITUNG
Alle Zutaten außer Soda im Rührglas auf Crushed Ice rühren. Rotweinglas mit frischem Crushed Ice füllen und den Drink in das Glas abseihen. Mit einem Schuss Soda toppen und gegebenenfalls nochmals mit Crushed Ice bis über den Rand auffüllen. Mit einem Zweig Minze und Früchten der Saison dekorieren.

Bei Drinks auf Crushed Ice ist ein Trinkhalm o. k. Bei allen anderen sollte man darauf verzichten.

OLD FASHIONED

Obwohl simpel in der Zusammensetzung, ist dieser Drink, gekonnt zubereitet, eine Wucht und außerdem Bartenders Liebling. Zwar taucht der Old Fashioned erst Ende des 19. Jahrhunderts auf den Barkarten auf, aber die erste schriftliche Erwähnung des Wortes Cocktail in *The Balance and Columbian Repository* 1806 kommt seiner Rezeptur ziemlich nahe. Dort wurde auf einen Leserbrief geantwortet: »Cocktail, then, is a stimulating liquor, composed of any kind of spirit, sugar, and bitters ...« Sie können jede hochwertige Spirituose für diesen Klassiker verwenden und durch die Wahl der weiteren Zutaten in alle Dimensionen variieren.

ZUTATEN
1 STÜCK WÜRFELZUCKER
ANGOSTURA BITTERS
60 ML BOURBON ODER RYE
  WHISKEY
1 ORANGENZESTE ZUM
  ABSPRITZEN

OLD FASHIONED

ZUBEREITUNG
Den Würfelzucker mit Bitters tränken und ins Glas geben. Den Whiskey dazugeben und den Zucker mit einem Löffelende zerdrücken, bis er sich aufgelöst hat. Das Glas mit Eis füllen und so lange rühren, bis das Eis etwas absinkt, weil es das benötigte Schmelzwasser abgegeben hat. Nochmals Eis auffüllen, rühren und dies so lange wiederholen, bis das Glas bis 1 cm unter den Rand mit Flüssigkeit gefüllt ist. Mit der Orangenzeste abspritzen.

Auf keinen Fall Kirschen oder andere Früchte in den Old Fashioned muddeln. Er ist kein Obstsalat!

ZACHARIAS

Verwenden Sie für diese wunderbar fruchtige Abwandlung des Old Fashioned Ihren Lieblings-Malt-Whisky. Zum Süßen dient hausgemachter Malzbiersirup, der mit seinen Aromen jeden Single Malt perfekt unterstützt. Das Spiel zwischen der kräftigen Malzigkeit des Drinks am Gaumen und der Fruchtigkeit des Espuma auf den Lippen ist unglaublich spannend.

ZUTATEN
50 ML SINGLE MALT WHISKY
5 ML MALZBIERSIRUP (S. 160)
2 DASHES SEXY BITTERS
CREAMY-ORANGE-ESPUMA
  (S. 162)

OLD FASHIONED

ZUBEREITUNG
Whisky, Sirup und Bitters in das Glas geben und leicht verrühren. Eis hinzugeben und rühren, bis Schmelzwasser entsteht und das Eis sich nach und nach dem Glas anschmiegt. Mehr Eis zugeben und nochmals rühren, bis Eis und Flüssigkeit etwa einen Fingerbreit unterhalb des Glasrands stehen. Dann den Espuma bis in Höhe des Glasrands aufsprühen und mit einem Lächeln servieren.

Probieren Sie
unterschiedliche Single
Malts, um zu erleben,
wie vielfältig dieser Drink
sein kann.

DIRTY OLD BASTARD

Der Dirty Old Bastard ist eine Old-Fashioned-Variante, die ihrem Namen alle Ehre macht. Kräftig, rauchig und würzig, ist diese sehr männliche Eigenkreation geprägt von ihrem langen und leicht scharfen Finish. Die Rauch-Aromen des Whiskys und des Lapsang-Souchong-Tees passen wunderbar zur süßen Würzigkeit der Bitters und der Schärfe der Chili. Am besten serviert man dazu ein Glas Eiswasser.

ZUTATEN

1 SEHR KLEINES STÜCK ROTE
  CHILISCHOTE, ENTKERNT, ODER
  SRIRACHA HOT CHILI SAUCE
10 ML LAPSANG-SOUCHONG-
  SIRUP (S. 160)
EINIGE DASHES SEXY BITTERS
50 ML SINGLE MALT WHISKY
  ARDBEG TEN

OLD FASHIONED

ZUBEREITUNG

Die Chilischote ins Glas geben und leicht andrücken. Wenn Sie Hot Chili Sauce verwenden, einen 1 cm langen Streifen auf den Boden des Glases geben. Mit dem Tee-Sirup und ein paar Dashes der Bitters übergießen und verrühren. Den Whisky dazugeben und erneut verrühren. Dann nach und nach Eis zugeben und so lange rühren und Eis nachfüllen, bis das Glas bis knapp unter den Rand mit Flüssigkeit und Eis gefüllt ist.

Lapsang-
Souchong-Tee wird
über Eichenholzspänen
geräuchert und ist daher der
perfekte Partner von
Single Malt Whiskys
aus Islay.

BICHLMAIER

Unser Headbartender Maximilian Hildebrandt hat diesen hervorragenden Twist des klassischen Old Fashioned bzw. des legendären Padovani kreiert. Er verwendet selbst gemachten Holunderblütensirup, hochwertiger Sirup aus dem Handel funktioniert jedoch genauso gut. Kilchoman, ein sehr junger, aromatischer und kräftiger Islay Single Malt, verleiht dem Drink am Ende ein charakteristisches torfig-rauchiges Aroma, das sich mit den fein-bitteren Kamille-Aromen der OK Tropfen (S. 15) wunderbar verbindet. Ein sehr komplexer und kräftiger Drink mit Tiefgang.

ZUTATEN

50 ML BULLEIT RYE WHISKEY
20 ML HOLUNDERBLÜTENSIRUP
  (S. 159)
3 DASHES OK TROPFEN
1 DASH SINGLE MALT WHISKY
  KILCHOMAN

OLD FASHIONED

ZUBEREITUNG

Rye Whiskey, Sirup und Bitters auf einem handgeschnitzten Iceball (runder Eiswürfel) oder einem großem Eisbrocken 1 Minute lang mit einem langstieligen Barlöffel rühren. Am Ende mit ein paar Tropfen Single Malt Whisky parfümieren und servieren. Statt Kilchoman können Sie auch jeden anderen stark torfigen Single Malt zum Parfümieren verwenden.

Schmelzwasser gibt einem Drink Komplexität und perfekte Viskosität und hilft, mehr Aroma und Geschmack wahrzunehmen.

VANILLA PUNCH

Dieser Drink ist bereits 1862 in der Erstauflage von Jerry Thomas' Cocktailbuch *How to Mix Drinks* zu finden. Um das Vanillearoma noch ein wenig zu intensivieren, gebe ich einen kleinen Schuss Vanillelikör hinzu. Sie können stattdessen auch einen selbst gemachten Vanillesirup verwenden, der ganz einfach herzustellen ist (siehe unten).

ZUTATEN
50 ML COGNAC V.S.O.P.
30 ML FRISCHER ZITRONENSAFT
10 ML VANILLELIKÖR GIFFARD
  VANILLE DE MADAGASCAR
2 BL VANILLEZUCKER

KLEINES BECHERGLAS

ZUBEREITUNG
Alle Zutaten im Shaker auf solidem Eis hart shaken und in ein mit Crushed Ice gefülltes Becherglas seihen. Mit etwas Crushed Ice toppen und, wenn Sie möchten, mit einem kleinen Stück Vanilleschote garnieren.

VANILLESIRUP

ZUTATEN
1 L ZUCKERSIRUP (S. 158)
3 VANILLESCHOTEN GUTER
  QUALITÄT

ZUBEREITUNG
Den Zuckersirup in eine Flasche abfüllen. Die Vanilleschoten längs aufschneiden, in die Flasche geben und dunkel und kühl lagern. Gebrauchsfertig nach 24 Stunden.

VANILLEZUCKER

ZUTATEN
500 G PUDERZUCKER
2 VANILLESCHOTEN GUTER
  QUALITÄT

ZUBEREITUNG
Den Zucker mit zwei aufgeschnittenen Vanilleschoten in ein Glas geben und verschließen. 2 Tage aromatisieren und währenddessen gelegentlich schütteln.

OLD MCCARTHY

Freunde von Manhattan-Twists aufgepasst: Hier kommt ein weiterer! Kaum ein Klassiker hat mehr Geschichten und Varianten hervorgebracht. Fest steht nur, dass der Manhattan Ende des 19. Jahrhunderts in New York das schummrige Licht der Bars erblickte. Manche sagen, dass Jennie Churchill, die Mutter des späteren britischen Premierministers, ihn 1874 zum ersten Mal in einer Bar in New York City bestellt hat. Ich denke, dass es einfach eine Variante des damals populären Wermutcocktails war, der durch eine ordentliche Portion Whiskey mehr Pep erhielt.

ZUTATEN

40 ML BULLEIT RYE WHISKEY
20 ML WERMUT CARPANO
ANTICA FORMULA
20 ML CHARTREUSE JAUNE
20 ML ZWETSCHGENBRAND
1 ORANGENZESTE ZUM
ABSPRITZEN

COCKTAILGLAS

ZUBEREITUNG

Alle Zutaten im Rührglas auf viel Eis etwa 10–15 Sekunden rühren und anschließend in ein vorgekühltes Cocktailglas abseihen. Mit einer kleinen Orangenzeste parfümieren und servieren.

Angebrochenen Wermut immer kühlen und rasch verbrauchen. Er ist zwar haltbar, aber nicht unverwüstlich.

CORN 'N' OIL

Besonders auf Barbados und Jamaika liebt man diesen wunderbar kräftigen Rum-Drink. Er ähnelt dem in der Karibik noch populäreren Petit Punch, bei dem ganz einfach weißer Rum, frische Limette und Zucker im kleinen Becherglas auf Eis gerührt werden. Seinen Namen hat der Corn 'n' Oil von der öligen Konsistenz des Falernum, die sich bei der Zubereitung über die Eiswürfel breitet. Die Süße dürfen Sie beliebig dosieren. Manche mixen Rum und Sirup sogar im Verhältnis 1:2. Etwas Frische bekommt der Drink durch 1–2 Squeezes Limette, während die Aromatic Bitters für die nötige Breite sorgen.

ZUTATEN
15 ML FALERNUM (S. 159)
50 ML GUTER DUNKLER RUM
15 ML FRISCHER LIMETTENSAFT
2 DASHES SEXY BITTERS ODER
 AROMATIC BITTERS (S. 156)
1–2 SQUEEZES FRISCHE LIMETTE

GROSSER TUMBLER

ZUBEREITUNG
Große Eiswürfel in den Tumbler geben und den Falernum einfüllen. Dann Rum, Limettensaft und Bitters hinzugeben und den Drink kaltrühren. Eventuell noch mit Eis auffüllen und schließlich mit 1–2 Squeezes Limette garnieren.

Ein Petit Punch ist die deutlich schönere Alternative zur weit verbreiteten Caipirinha.

RUFFTIME MARGARITA

Die zu Recht heiß geliebte Margarita wurde 1937 im *Café Royal Cocktail Book* unter dem Namen Toreador zum ersten Mal schriftlich erwähnt. Doch ihr Ursprung ist meiner Meinung nach einfach eine Tequila-Version der damals populären Daisy. In meiner Variante gibt der Mezcal der Rezeptur mehr Tiefe und eine leicht rauchige Note. Zudem bringt eine Mischung aus Orange Curaçao und Agavensirup eine sehr interessante und breite Süße auf den Gaumen. Ein weiterer Twist ist die Zimt-Salz-Mischung für den Crusta.

ZUTATEN
1 BL ZIMT
1 BL FLEUR DE SEL
1 BIO-LIMETTE
60 ML MEZCAL
30 ML FRISCHER LIMETTENSAFT
20 ML AGAVENSIRUP
5 ML ORANGE CURAÇAO

COCKTAILGLAS

ZUBEREITUNG
Zimt und Fleur de Sel im Mörser vermengen. Die Limette teilen, den Rand des Cocktailglases außen leicht mit der Schnittfläche der Limette anfeuchten und sanft in die Salz-Zimt-Mischung tauchen, um einen feinen Crusta zu bekommen. Alle weiteren Zutaten auf solidem Eis im Shaker hart shaken und doppelt in das Glas seihen.

Agavensirup statt Orange Curaçao macht eine Margarita für Diabetiker viel verträglicher.

CRUSTAFARAI

Anton Utin, Maître der Goldenen Bar, schöpfte die Idee für diese Kreation aus Charles H. Bakers großartigem *The Gentleman's Companion* aus dem Jahr 1946. Crustas, fruchtbetonte Drinks unterschiedlichster Alkoholbasis mit aromagebenden Zutaten und einem dicken Zuckerrand am Glas (Crusta), galten zu jener Zeit noch als Pflichtkategorie auf jeder guten Barkarte. Als erfrischende Mischung, die man bereits am Nachmittag genießen konnte, waren sie besonders beliebt. Der Crustafarai ist Jamaika gewidmet, wofür wir einen altbekannten, sehr knackigen und ehrlichen Rumblend von der Insel ausgesucht haben.

ZUTATEN
1 BIO-LIMETTE
FEINER WEISSER ROHRZUCKER
60 ML MYERS'S RUM
30 ML FRISCHER LIMETTENSAFT
10 ML FALERNUM (S. 159)
5 ML MARASCHINO LUXARDO
5 ML STONE'S GINGER WINE
3 DASHES SEXY BITTERS

GROSSER
COGNACSCHWENKER ODER
TUMBLER

ZUBEREITUNG
Die Limette rundherum schälen, sodass eine lange Zeste entsteht. Nun die Frucht teilen, den Glasrand mit der Schnittfläche befeuchten und ihn so tief in eine Schale mit dem Rohrzucker tauchen, dass ein Crusta von etwa 2 cm Breite entsteht. Mit der Limettenzeste das Glas innen auskleiden und mit großen Eiswürfeln füllen. Alle anderen Zutaten in einen Shaker geben und mit solidem Eis kräftig shaken. Den Drink in das Glas seihen und servieren.

RASTA NAIL

Dieser einfache Twist variiert den bekannten Rusty Nail, der im Original aus Scotch Whisky und Drambuie, einem schottischen Whiskylikör mit Kräutern und Honig, besteht. Für mich das Butterbrot unter den Drinks: Man nehme einfach zwei gute Zutaten und fertig – kein Schnickschnack, keine Deko. Statt Kaffeelikör verwende ich selbst gemachten Agavenkaffee. Er ist weit aromatischer, hat eine schöne Tiefe und schmeckt nach frischem und gutem Kaffee. Im Vergleich zu Likör, der mit mindestens 200 g Zucker pro Liter gesüßt wird, reichen hier geringe Mengen Rock-Candy-Sirup.

ZUTATEN

40 ML DUNKLER GEREIFTER
  JAMAIKA-RUM
30 ML HAUSGEMACHTER
  AGAVENKAFFEE ODER
  KAFFEELIKÖR TIA MARIA

OLD FASHIONED

ZUBEREITUNG

Beide Zutaten mit großen Eiswürfeln im Glas verrühren und servieren.

HAUSGEMACHTER AGAVENKAFFEE

ZUTATEN

80 G KAFFEE, FRISCH GEMAH-
  LEN, 100 % ARABICA AUS
  GUATEMALA ODER MEXIKO
1 FLASCHE TEQUILA (700 ML)
20–40 ML ROCK-CANDY-SIRUP
  (S. 160)

ZUBEREITUNG

Kaffee in die Filterkammer eines Cold Drippers (S. 12) füllen. Mit Tequila anfeuchten und den Rest der Flasche in den Wasserbehälter gießen. Die Tropfzeit auf 2 Sekunden pro Tropfen einstellen. Nach 24 Stunden mit Rock-Candy-Sirup (Menge nach Geschmack) süßen.

YELLOW SMASH

Ein Smash ist eine alte Drink-Kategorie, die mit den Sours verwandt ist. Spirituose, frische Kräuter sowie saure und süße Zutaten werden hart geshaked und anschließend auf Eis in ein Old-Fashioned-Glas oder – ohne Eis – in ein Sherryglas geseiht. Um kleine Blattstücke, die beim Shaken entstehen, dem Drink fernzuhalten, verwendet man als Methode zum Abseihen immer den Finestrain bzw. Doublestrain (S. 26). Wenn Sie den Drink auf Eis servieren, sollten Sie als aromatische Dekoration noch einen schönen Zweig oder ein kleines Bouquet der verwendeten Kräuter hineinstecken.

ZUTATEN
60 ML CHARTREUSE JAUNE
1 HANDVOLL FRISCHE
  PFEFFERMINZBLÄTTER
30 ML FRISCHER LIMETTENSAFT
2 DASHES ORANGE CURAÇAO
2 DASHES ZUCKERSIRUP (S. 158)
FRISCHE PFEFFERMINZE ZUM
  DEKORIEREN

OLD FASHIONED

ZUBEREITUNG
Alle Zutaten im Shaker auf solidem Eis etwa 15 Sekunden lang sehr kräftig shaken und in das mit Crushed Ice gefüllte Glas finestrainen. Mit einem kleinen Pfefferminzbouquet garnieren.

Kräuter vor dem Verwenden »anklatschen« (S. 110), um die ätherischen Öle freizusetzen.

RASPBERRY RUM SMASH

Unsere Smash-Variante mit frischem Himbeerpüree ist besonders bei den weiblichen Gästen der Goldenen Bar beliebt. Noch aromatischer und intensiver schmeckt der Drink mit »angeklatschten« Kräutern. Dazu nehmen Sie die Minze vor dem Verarbeiten in die hohle Hand und klatschen in die Hände. Durch den Luftdruck öffnen sich die Kapillaren der Blätter, in denen die ätherischen Öle sitzen, und die Kräuter riechen und schmecken weit intensiver. Bei Kräutern als Deko sollten Sie behutsamer und mit einem größeren Hohlraum klatschen, damit die Blätter formschön bleiben.

ZUTATEN

50 ML DUNKLER RUM
10 ML BEERENLIKÖR CHAMBORD
1 HANDVOLL FRISCHE
  PFEFFERMINZBLÄTTER
30 ML FRISCHER ZITRONENSAFT
30 ML FRISCHES HIMBEERPÜREE
20 ML HIMBEERSIRUP (S. 159)
FRISCHE PFEFFERMINZE ZUM
  DEKORIEREN

OLD FASHIONED

ZUBEREITUNG

Alle Zutaten im Shaker auf solidem Eis etwa 15 Sekunden lang sehr kräftig shaken und doppelt in das mit Crushed Ice gefüllte Glas seihen. Mit einem schönen Pfefferminzbouquet garnieren.

ARDBEG JULEP

Der Julep gehört zu den ältesten Drinks der Cocktail-Geschichte. Bereits im 18. Jahrhundert kannte man ihn in den Südstaaten der USA, zubereitet mit amerikanischem Whiskey oder Brandy und besonders gerne nach dem Frühstück getrunken. Meine kräftig-aromatische Variante mit einem torfigen Islay Single Malt ist definitiv nichts für den Vormittag. Dafür besticht sie mit einer unglaublichen Frische und einem Hauch von Lavendel, den man in Schottland bei Fahrten übers Land ständig im Blick und in der Nase hat.

ZUTATEN
60 ML SINGLE MALT WHISKY
 ARDBEG TEN
10 ML ZUCKERSIRUP (S. 158)
1 HANDVOLL FRISCHE
 PFEFFERMINZBLÄTTER
LAVENDELBLÜTEN,
 GETROCKNET ODER FRISCH
 ZUM DEKORIEREN

**SILBERBECHER ODER
BECHERGLAS**

ZUBEREITUNG
Whisky und Zuckersirup im Silberbecher oder Glas mit einer Handvoll angeklatschter Pfefferminze (S. 110) verrühren. Mit Crushed Ice auffüllen und kräftig rühren, damit Schmelzwasser entsteht und der Drink gekühlt wird. Nochmals Crushed Ice auffüllen und mit einem Bouquet aus Lavendelblüten dekorieren. Mit einem Trinkhalm servieren.

Schneiden Sie den Trinkhalm so kurz ab, dass die Nase beim Trinken das Aroma der Kräuter wahrnehmen kann.

CHOCOLATE COCKTAIL

Harry Johnsons süße Köstlichkeit findet sich in seinem *Bartender's Manual* von 1900. Das Werk zählt zu den wichtigsten in der Geschichte der Cocktails und zeigt, wie kreativ bereits vor mehr als 100 Jahren gemixt wurde. Harry Johnson war deutscher Abstammung und arbeitete als Bartender in New York City. Für viele Drinks verwendete er als Süßquelle gelbe Chartreuse: My Man! Die folgende Mischung ist das einzig wirklich süße Rezept in diesem Buch und eignet sich auch perfekt als Dessert.

ZUTATEN
40 ML PORTWEIN LBV
40 ML CHARTREUSE JAUNE
1 FRISCHES EIGELB
1 BL DUNKLES KAKAOPULVER
MUSKATNUSS ZUM
  DEKORIEREN

COCKTAILGLAS

ZUBEREITUNG
Alle Zutaten im Shaker auf solidem Eis 10–15 Sekunden sehr hart shaken und doppelt in ein vorgekühltes Cocktailglas abseihen. Einen Hauch Muskatnuss frisch darüber reiben und zügig trinken.

Muskat ist eine der ältesten Cocktaildekorationen: preiswert, sehr aromatisch und in höheren Dosen berauschend, aber auch giftig.

BLOODY GEISHA

In Harry's New York Bar in Paris hieß die Bloody Mary Anfang des 20. Jahrhunderts zwar noch Red Snapper, wurde aber schon ganz klassisch gemixt: mit Gin, Worcestersoße, Tabasco, Selleriesalz und einem Schuss Zitronensaft. Egal ob Mary oder Geisha – wichtig ist, dass man nicht zu viel Alkohol verwendet und die Mischung nicht verwässert. Für einen Red Snapper nehme ich 20 – 30 ml Gin und baue den Drink mit gut gekühlten Zutaten ohne Eis direkt im vorgekühlten Gästeglas auf. Eine außergewöhnlich leckere Alternative ist auch die Pechuga Mary mit Mezcal de Pechuga (S. 16), gegrilltem Limettensaft (S. 54) und Hot Chili Sauce. Dazu servieren wir in der Goldenen Bar einen Parmaschinken-Chip.

ZUTATEN

40 ML DAIGINJO SAKE

140 ML BESTER TOMATENSAFT

1 SQUEEZE FRISCHE LIMETTE

2 DASHES FASSGELAGERTE
  SOJASOSSE

1–2 BL KIZAMI WASABI
  (PÜRIERTER FRISCHER
  WASABI)

1 KLEINE PRISE FLEUR DE SEL

SCHWARZER PFEFFER, FRISCH
  GEMAHLEN, ZUM DEKORIEREN

KLEINES BECHERGLAS

ZUBEREITUNG

Das Becherglas vorkühlen. Die Zutaten in einen Shaker geben. Entweder zwischen zwei Shakern, von denen einer mit Eis gefüllt ist und von einem Cocktailsieb abgedeckt wird, 3–4 Mal hin und her schütten, um den Drink zu kühlen. Diese Methode nennt man »werfen«. Oder die Zutaten mit Eis behutsam wenige Sekunden rühren. In das Becherglas abseihen und mit einer Prise Pfeffer garnieren.

Ideal als Katerdrink: Vitamine, Proteine und Elektrolyte helfen dem Kreislauf wieder auf die Beine.

DIE REZEPTE

AUSSERGEWÖHNLICH

UND

SPEKTAKULÄR

DRINKS MIT

DEM

GEWISSEN ETWAS

HAUS DER KUNST COCKTAIL

Diese Eigenkreation habe ich dem Münchener Haus der Kunst gewidmet, in dem sich die Goldene Bar befindet. Die moderne und künstlerische Umsetzung der Bar mit Werken von Florian Süssmayr schafft einen animierenden Kontrast zu dem sehr klassischen Raum des Museums. So sollte auch der Drink sein. Die Basis ist der French 75, ein Champagnercocktail mit Gin, Zucker und Zitrone, der von Harry Craddock erstmals 1930 in *The Savoy Cocktail Book* erwähnt wurde. Serviert wird er auf großen Eiswürfeln im Old-Fashioned-Glas und getoppt mit einem Gin-and-Tonic-Espuma.

ZUTATEN

50 ML GIN TANQUERAY NO. TEN
30 ML FRISCHER ZITRONENSAFT
2 BL PUDERZUCKER
CHAMPAGNER PERRIER JOUËT
  GRAND BRUT
GIN-AND-TONIC-ESPUMA
  (S. 162)
CAMPARI-DUST (S. 162)

OLD FASHIONED

ZUBEREITUNG

Gin, Zitronensaft und Zucker auf solidem Eis kräftig shaken und in ein mit Eiswürfeln gefülltes Old-Fashioned-Glas abseihen. Mit etwas Champagner toppen und eine Krone aus Gin-and-Tonic-Espuma aufsprühen. Mit einer Prise Campari-Dust dekorieren.

Espumas sind blitzschnell gemacht und entfalten bei der Neuinterpretation von Drinkklassikern verblüffende Wirkung.

KAMILLENTEE ROYAL

Ein kleiner Twist kleidet den allseits bekannten Mojito in ein neues, blumiges Gewand. Der Kamillensirup ist ruck, zuck hergestellt und somit ist dieser außergewöhnliche Drink ganz leicht zuzubereiten. Übrigens können Sie auch einfach Ihre eigenen Mojito-Variationen kreieren, indem Sie mit Kräutern, Früchten oder Gewürzen Ihrer Wahl einen Zuckersirup herstellen und diese außerdem dekorativ in den Drink einbauen. Normalerweise wird der Mojito mit Soda getoppt – mit Champagner bekommt er den Zusatz »Royal«.

ZUTATEN
50 ML WEISSER RUM HAVANA
CLUB 3 JAHRE
30 ML FRISCHER ZITRONENSAFT
20 ML KAMILLENSIRUP (S. 159)
2 DASHES OK TROPFEN (S. 15)
CHAMPAGNER PERRIER JOUËT
GRAND BRUT
GETROCKNETE
KAMILLENBLÜTEN

LONGDRINKGLAS

ZUBEREITUNG
Alle Zutaten bis auf Champagner und Blüten in einem Longdrinkglas verrühren. Mit Eis auffüllen und mit Champagner toppen. Kamillenblüten in den Drink geben, nochmals leicht aufrühren und servieren.

OK Tropfen, Aromatic Bitters auf der Basis von Kamillenblüten, sind im Fachhandel oder im Internet erhältlich.

ROTE BETE GIMLET

Auch der Gimlet gehört zu den Klassikern, die an der Bar nicht wegzudenken sind. Gleiche Teile von Lime Juice Cordial und Gin verbinden
sich zu einem fruchtig-frischen Drink. Ich verwende den Lime Juice
lieber sparsam und lediglich, um den Gin zu aromatisieren. Abgesehen
davon gibt es unzählige Varianten, die alle bestens funktionieren, wie
z. B. der Richmond Gimlet von Jeffrey Morgenthaler aus den USA. Hier
ist meine Version: mit Roter Bete und einem Hauch Schokolade.

ZUTATEN
1 BIO-LIMETTE
DUNKLES KAKAOPULVER
50 ML ROTE-BETE-COLD-DRIP
  (S. 163)
30 ML LIME JUICE CORDIAL
  (S. 160)

COCKTAILGLAS

ZUBEREITUNG
Den Rand des Cocktailglases mit der Schnittfläche einer
Limette befeuchten und kopfüber mit dunklem Kakaopulver
bestäuben, um einen feinen Schokorand an das Glas zu
bekommen. Die übrigen Zutaten im Rührglas auf großen
Eiswürfeln rühren und in das Cocktailglas seihen.

Kombinationsmöglichkeiten
unterschiedlichster
Aromen finden Sie auf
www.foodpairing.com.

SMOOTH CRIMINAL

Ziemlich kräftig, aber leicht zu trinken – damit ist dieser Drink ein sanfter Krimineller im wahrsten Sinne des Wortes. Der Würfel frische Ananas ist der Schlüssel zum Erfolg und gibt dem Cocktail seine seidige Konsistenz. Hier Ananassaft als Alternative zu benutzen wäre wirklich ein Verbrechen.

ZUTATEN
1 WÜRFEL FRISCHE ANANAS
  (2×2×2 CM)
50 ML BULLEIT RYE WHISKEY
10 ML ORANGE CURAÇAO
5 ML MARASCHINO LUXARDO
5 ML ZUCKERSIRUP (S. 158)
1 DASH ANGOSTURA BITTERS
CHAMPAGNER PERRIER JOUËT
  GRAND BRUT

**COCKTAILGLAS ODER
SILBERBECHER**

ZUBEREITUNG
Den Ananaswürfel im Shaker leicht mit einem Muddler andrücken. Alle anderen Zutaten dazugeben und auf solidem Eis hart shaken. Doppelt in das Glas oder den Silberbecher seihen und mit einem kräftigen Schuss Champagner toppen.

**Maraschino ist
die Jedi-Kraft
für Bartender …
aber sie zu nutzen
wissen du musst.**

BLOOD AND SAND

Benannt nach dem Film mit Rudolph Valentino aus dem Jahr 1922, hat sich der Blood and Sand als unsterblicher Klassiker etabliert. Ein schöner Twist und sehr aussagekräftig für das Arbeiten und Denken in der Goldenen Bar ist diese Variante. Von den Grundzutaten Scotch, roter Wermut, Kirschlikör und Orangensaft nehme ich nur den Saft heraus, verändere ihn molekular, indem ich daraus eine lockere Orangencreme mache, und setze diese dann wieder auf den Drink auf. Das Mundgefühl ist ein völlig anderes und es fühlt sich großartig an, den Drink unter dem erfrischenden Espuma auf den Gaumen fließen zu lassen.

ZUTATEN
30 ML BLENDED SCOTCH WHISKY
30 ML WERMUT CARPANO
  ANTICA FORMULA
30 ML KIRSCHLIKÖR CHERRY
  HEERING
CREAMY-ORANGE-ESPUMA
  (S. 162)

OLD FASHIONED

ZUBEREITUNG
Scotch, Wermut und Kirschlikör auf großen Eiswürfeln im Old-Fashioned-Glas verrühren. Mit Creamy-Orange-Espuma toppen und servieren.

MY BUCK AND BRECK

Buchanan und Breckinridge waren nicht nur das wohl erfolgloseste Regierungsgespann der US-Geschichte, sondern haben auch positiven Eindruck hinterlassen: als Namensgeber eines Drink-Klassikers und meiner absoluten Lieblingsbar in Berlin, die für mich zu den besten der Welt zählt. Trotz höchstem Respekt habe ich mir erlaubt, diesem Drink einen kleinen Twist zu verleihen. Statt Zucker verwende ich einen Dust aus dehydrierter grüner Chartreuse, den ich in Form eines Crusta am Becherrand anbringe. Somit ergibt sich Schluck für Schluck ein krautig-süßes Aromenspiel mit den übrigen Zutaten.

ZUTATEN
1 SPRÜHSTOSS ABSINTH
 DUPLAIS VERTE
CHARTREUSE-DUST (S. 162)
20 ML COGNAC V.S.O.P.
CHAMPAGNER PERRIER JOUËT
 GRAND BRUT

SILBERBECHER

ZUBEREITUNG
Den Außenrand des Bechers mit etwas Absinth aus dem Parfümflakon anfeuchten und einen etwa 1 cm breiten Crusta aus Chartreuse-Dust anstreuen. Dann den Becher nochmals innen mit einem Sprühstoß Absinth parfümieren. Cognac eingießen und mit Champagner vorsichtig auffüllen.

Mit einer einfachen Zuckerwatte-Maschine können Sie aus dem Dust Chartreuse-Zuckerwatte machen und auf den Drink setzen!

BRENNNESSELTEE

Bei Champagnerdrinks sollte man vor dem Abseihen einen kleinen Schuss Champagner in den Shaker geben. So wird der Drink homogener und schäumt beim Eingießen nicht über.

ZUTATEN
20 ML BRENNNESSEL-COLD-DRIP
  (S. 163)
10 ML FRISCHER ZITRONENSAFT
10 ML RUNNY HONEY (S. 160)
CHAMPAGNER PERRIER JOUËT
  GRAND BRUT

CHAMPAGNERGLAS

ZUBEREITUNG
Alle Zutaten außer Champagner im Shaker auf solidem Eis kurz und hart shaken und doppelt in ein vorgekühltes Champagnerglas abseihen. Mit Champagner auffüllen (Abb. rechts).

CARAMELLOW ROYAL

Die Ingwerchips für dieses Rezept können Sie ganz einfach im Backofen zubereiten.

ZUTATEN
1 INGWERCHIP
5 ML VANILLELIKÖR GIFFARD
  VANILLE DE MADAGASCAR
CHAMPAGNER PERRIER JOUËT
  GRAND BRUT

CHAMPAGNERGLAS

ZUBEREITUNG
Ingwerchip in das Glas geben und mit Vanillelikör übergießen. Vorsichtig mit Champagner auffüllen und fertig. *Zubereitung Ingwerchips:* Frischen Ingwer ungeschält in 2 mm dünne Scheiben schneiden, mit Isomalt-Zucker bestreuen und 2 Stunden ziehen lassen. Anschließend im Backofen bei 160 °C knusprig backen (Abb. links).

YUZU TAKETSURU

Masataka Taketsuru war der erste Japaner, der in Schottland das Whiskydestillieren erlernte. Sein in den 1920er-Jahren erworbenes Wissen brachte er in seine Heimat und kultivierte und perfektionierte es zu einem international anerkannten eigenen Stil: japanischer Whisky. Nikka war die erste japanische Destillerie, für die Taketsuru gearbeitet hat, und der Straight from the Barrel ist ein wunderbar kräftiger und aromatischer Whisky – genau das, was diese Rezeptur braucht.

ZUTATEN
20 ML YUZU SAKE
50 ML JAPANISCHER WHISKY
  NIKKA FROM THE BARREL
EINE KLEINE HANDVOLL FRISCHE
  SHISO-BLÄTTER
15 ML FRISCHER ZITRONENSAFT
15 ML FRISCHER LIMETTENSAFT
2 BL PUDERZUCKER
1 EIWEISS
FRISCHE SHISO-BLÄTTER ZUM
  DEKORIEREN

OLD FASHIONED

ZUBEREITUNG
Alle Zutaten im Shaker auf solidem Eis sehr kräftig schütteln und in ein mit Crushed Ice gefülltes Glas finestrainen. Mit angeklatschten (S. 110) Shiso-Blättern garnieren.

**Frische Shiso-Blätter
bekommen
Sie im Asialaden.**

ROYAL HIBISCO GIN FIZZ

Die Familie der Fizzes ist klar definiert. Ein Fizz besteht aus Spirituose, Süße und Säure, aufgefizzt mit etwas Soda. Bekommt ein Fizz den Zusatz »Silver«, weiß ein Bartender, dass dieser Rezeptur noch ein Eiweiß hinzuzufügen ist. In den Golden Fizz gehört ein Eigelb und in den Royal Fizz ein ganzes Ei. Dieses verleiht dem Drink eine seidige Textur und das Eiweiß sorgt zudem für eine schöne Schaumkrone. Ersetzt man den Zucker durch Likör, nennt sich das ganze dann Fix. Der Royal Hibisco Gin Fizz ist eine unglaublich verführerische Kombination, die von der trockenen Fruchtigkeit des Hibiskus-Cold-Drip bestimmt und ausnahmsweise im Longdrinkglas auf Eis serviert wird.

ZUTATEN

50 ML HIBISKUS-COLD-DRIP
  (S. 163)
15 ML FRISCHER ZITRONENSAFT
15 ML FRISCHER LIMETTENSAFT
2 BL PUDERZUCKER
1 EI
SODA ZUM TOPPEN
GETROCKNETE HIBISKUSBLÜTEN
  ZUM DEKORIEREN

LONGDRINKGLAS

ZUBEREITUNG

Alle Zutaten außer Soda im Shaker auf solidem Eis für mindestens 15 Sekunden sehr kräftig shaken und in das mit Eiswürfeln gefüllte Glas seihen. Mit etwas Soda toppen und mit schönen Hibiskusblüten garnieren.

Diese Rezeptur ist auch mit Sloe Gin (S. 162) sehr verführerisch.

HOT BUTTERED COCONUT RUM

Hot Buttered Rum ist ein Klassiker und im Winter ein heißer Tipp als All-roundmedizin. Julian Zerressen, der früher in der Goldenen Bar gemixt hat und mittlerweile in Londons berühmtem Happiness Forgets hinter dem Tresen steht, hat diesen sehr interessanten Twist kreiert, der weit feiner und spezieller ist als das Original.

ZUTATEN

40 ML BANANARUMA (S. 162)
2 DASHES SEXY BITTERS
15 ML FALERNUM (S. 159)
100 ML BIO-KOKOSNUSSWASSER
GEWÜRZBUTTER (S. 160)
1 ZIMTSTANGE ZUM
 DEKORIEREN

KLEINES BECHERGLAS

ZUBEREITUNG

Bananaruma, Bitters, Falernum und Kokosnusswasser in einem kleinen Topf auf etwa 60–70 °C erhitzen und in ein kleines Becherglas füllen. Mit einer Flocke Gewürzbutter toppen und mit einer Zimtstange servieren.

Mit der Dampfdüse einer Espresso-Maschine lassen sich Drinks blitzschnell erhitzen.

138

ARPI GARDENIA

Dass die Daisy auch bestens mit frischen Kräutern harmoniert, beweist dieser spannende Twist unseres Bartenders Arpad Nikhazi.

ZUTATEN
50 ML COGNAC V.S.O.P.
30 ML FRISCHER ZITRONENSAFT
10 ML DRY ORANGE CURAÇAO
10 ML ZUCKERSIRUP (S. 158)
2 BL GARDENIA-MIX (S. 160)
SODA
1 BUND FRISCHER ESTRAGON

COCKTAILGLAS

ZUBEREITUNG
Alle Zutaten außer Soda und Kräuter auf solidem Eis hart shaken und in das mit Crushed Ice gefüllte Glas doppelt abseihen. Mit einem kleinen Schuss Soda toppen und erneut mit Crushed Ice auffüllen. Den Estragon anklatschen (S. 110) und als Dekoration in die Mitte des Drinks setzen. Mit Strohhalm servieren (Abb. links).

DROGERIE

Die starken Aromen verschiedener Liköre verbindet unser Headbartender Dennis Richter in einer besonders schönen und würzigen Variante des bekannten Digestivklassikers Apotheke.

ZUTATEN
20 ML BITTERLIKÖR BRANCA
   MENTA
20 ML BITTERLIKÖR AMER PICON
20 ML RUMLIKÖR PIMENTO
   DRAM THE BITTER TRUTH
20 ML PORTWEIN LBV

COCKTAILGLAS

ZUBEREITUNG
Alle Zutaten auf großen Eiswürfeln im Rührglas rühren und in ein vorgekühltes Cocktailglas seihen (Abb. rechts).

GINTELLIGENCE NO. 2

Gintelligent und beinahe mehr Medizin als Cocktail ist dieser wärmende und kräftigende Drink. Kamillenblüten beruhigen und entspannen die Muskeln. Die Holunderblüte wirkt zudem körperreinigend und stimulierend. Gut tut er besonders im Winter, wenn man aus der Kälte kommt, oder bei einem Anflug von Erkältung: ein perfektes »Good Night Cap«.

ZUTATEN
1 FLASCHE TONIC WATER
  GOLDEN MONACO EXTRA DRY
  (200 ML)
50 ML GIN TANQUERAY NO. TEN
10 ML HOLUNDERBLÜTENSIRUP
  (S. 159)
1 TEEBEUTEL KAMILLENTEE

SILBERKÄNNCHEN
UND KLEINE TASSE
ODER SILBERBECHER

ZUBEREITUNG
Kanne und Tasse zum Vorwärmen mit heißem Wasser füllen. Das Tonic Water in einem Topf oder mit der Dampfdüse einer Espressomaschine bis kurz vor dem Siedepunkt erhitzen. Das Wasser aus der Kanne gießen. Gin und Sirup hineingeben, den Teebeutel einhängen und mit dem Tonic Water aufgießen. Den Deckel auflegen und einige Minuten ziehen lassen. In einer kleinen Teetasse oder einem Silberbecher servieren.

Als Tonic Water
bevorzuge ich
Golden Monaco extra dry,
weil es nur halb
so viel Zucker enthält wie
andere Marken.

ZWEIHUNDERT

Den Zweihundert habe ich anlässlich der 200. Ausgabe der Zeitschrift *GQ* kreiert. Er ist eine Abwandlung des bekannten Klassikers French 75, der nach einem französischen Geschütz aus dem Ersten Weltkrieg benannt wurde, wohl auch wegen seiner gewaltigen »Durchschlagskraft«.

ZUTATEN
1 BIO-LIMETTE
HIBISKUSZUCKER (S. 162)
30 ML HAUSGEMACHTER SLOE
  GIN (S. 162)
20 ML FRISCHER LIMETTENSAFT
15 ML ZUCKERSIRUP (S. 158)
CHAMPAGNER PERRIER JOUËT
  GRAND BRUT

CHAMPAGNERGLAS

ZUBEREITUNG
Mit der Schnittfläche der Limette den Glasrand leicht befeuchten und in den Hibiskuszucker tauchen, damit ein feiner Crusta entsteht. Limettensaft mit Sloe Gin und Sirup auf solidem Eis im Shaker hart schütteln und nach dem Öffnen des Shakers einen guten Schuss Champagner zugeben. Dann in das Glas seihen und nochmals mit einem Schuss Champagner toppen.

Für einen sehr feinen Crusta
das Glas kopfüber mit
passendem Likör besprühen
und unter Drehen
mit Zucker bestäuben.

TABULA RASA

Als Giuseppe Campari in Mailand erstmals den beliebten Apero Negroni bzw. Americano mixte, hieß der Drink noch Milano-Torino, wurde aber wegen seiner großen Beliebtheit bei amerikanischen Touristen bald umbenannt. Ein Americano besteht aus rotem Wermut und Campari mit einem kleinen Dash Soda. Beim Negroni gehört statt Soda Gin in die Mischung, und der Negroni Sbagliato (falscher Negroni) wurde von einem Mailänder Bartender erfunden, der versehentlich Prosecco statt Gin in den Negroni goss. Egal, ob Sie diese Varianten oder meinen Twist nehmen: ein Spitzen-Aperitif für den Sommer!

ZUTATEN
30 ML MOZART DRY
20 ML CAMPARI
20 ML WERMUT CARPANO
 ANTICA FORMULA
CREAMY-ORANGE-ESPUMA
 (S. 162)
CAMPARI-DUST (S. 162)

OLD FASHIONED

ZUBEREITUNG
Mozart Dry, Campari und Wermut auf Eiswürfeln im Old-Fashioned-Glas verrühren. Einen Fingerbreit Creamy-Orange-Espuma aufsprühen und mit etwas Campari-Dust dekorieren.

Als Partydrink kann man den Americano vorab in einem Sodasiphon karbonisieren (S. 64). 3 Stunden kühlen und in Gläser mit Eis füllen.

KRAMER'S BREAKFAST

Unser ehemaliger Kollege Claudius Kramer Brudnjak genießt diese ihm zu Ehren kreierte Variante des Full Scottish Breakfast lieber abends als morgens, was ich auch Ihnen empfehlen würde.

ZUTATEN
15 DUNKEL GERÖSTETE
 GERSTENMALZKÖRNER
3 ARABICA-KAFFEEBOHNEN
50 ML WHISKY GLENLIVET
 NÀDURRA
15 ML AGAVENKAFFEE (S. 163)
2 BL GARDENIA-MIX (S. 160)
1 BL AHORNSIRUP GRAD A
1 EIGELB

COCKTAILGLAS

ZUBEREITUNG
Gerstenmalz und Kaffeebohnen im Shaker mit dem Muddler zerstoßen und alle weiteren Zutaten dazugeben. Auf solidem Eis sehr kräftig shaken und doppelt in ein vorgekühltes Cocktailglas abseihen (Abb. links). Dazu schmeckt getoastetes Weißbrot mit Gardenia-Mix und gerösteten Gerstenmalzkörnern.

SUBURBIA

Diese Eigenkreation unseres Headbartenders Oliver von Carnap ist ein außergewöhnliches Konzert von Aromen, spektakulär einfach gemixt.

ZUTATEN
APRIKOSENBRAND
40 ML PORTWEIN LBV
30 ML BULLEIT BOURBON
3 DASHES SEXY BITTERS
2 BL MARASCHINO LUXARDO

COCKTAILGLAS

ZUBEREITUNG
Aprikosenbrand in einen Parfümflakon füllen und das Cocktailglas mit einem Sprühstoß aromatisieren. Alle anderen Zutaten im Rührglas kurz auf großen Eiswürfeln rühren und in das Cocktailglas abseihen (Abb. rechts).

CAPTAIN STRAINERS PLANTATION PUNCH

Diese Tiki-Bowle empfehle ich Ihnen allein schon deswegen, weil sie als optisches Highlight jeder lockeren Cocktailparty ungeheuren Eindruck macht. Zudem ist sie auch in großen Mengen easy vorbereitet und bringt Ihre Gäste gleich in Stimmung. Am besten halten Sie sich nicht mit genauem Abmessen der Zutaten auf, sondern verwenden als Messbecher einfach eine Tasse (etwa 200 ml). Je nach Durst können an meinem Rezept 10–20 Personen jede Menge Spaß haben.

ZUTATEN

5 TASSEN MARACUJAPULPE
AUS REIFEN MARACUJAS
1 FLASCHE HAVANA CLUB SELEC-
CIÓN DE MAESTROS (0,7 L)
2 FLASCHEN HAVANA CLUB
7 JAHRE (0,7 L)
2 TASSEN FRISCHER
LIMETTENSAFT
5 TASSEN FRISCHER
ANANASSAFT
3 TASSEN GINGER BEER (S. 42)
½ TASSE RUNNY HONEY (S. 160)
1 TASSE HAUSGEMACHTE
GRENADINE (S. 159)
½ TASSE FALERNUM (S. 159)
3 TASSEN LIME JUICE CORDIAL
(S. 160)
33 DASHES SEXY BITTERS
FRISCHE BLÜTEN ZUM
DEKORIEREN

BOWLEGEFÄSS

ZUBEREITUNG

Den Punsch in einer großen Bowleschale zubereiten. Die Maracujas halbieren und das Fruchtfleisch auskratzen. Wenn Sie möchten, die leeren Hälften unter dem Wasserhahn sauber abspülen und später als Becher zum Trinken des Punsches verwenden! Zum Kühlen geben Sie am besten einen großen Eisblock oder große Eisbrocken in die Mitte der Bowle. Alle Zutaten darübergießen, umrühren und fertig.

Limetten vor
dem Pressen mit dem
Handballen rollen bzw.
bei Zimmertemperatur
pressen, dann sind
sie ergiebiger.

ANGOSTURA MARSHMALLOWS

Obwohl kein Drink, wollte ich Ihnen dieses Rezept keinesfalls vorenthalten. Statt des klassischen Champagnercocktails serviere ich nämlich gerne folgende schöne Alternative. Reichen Sie einen Angostura-Marshmallow zu einem Glas eisgekühltem Champagner oder einfach pur als Überraschung zur Begrüßung Ihrer Gäste. Interessante Marshmallow-Varianten entstehen übrigens, wenn man statt Angostura andere Bitters wie Sexy Bitters oder Peychaud's Bitters verwendet. Die Marshmallows nach diesem Rezept schmecken am dritten Tag am besten, halten aber mindestens ein bis zwei Wochen.

ZUTATEN
2 EL SPEISESTÄRKE
2 EL PUDERZUCKER
20 G BLATTGELATINE
50 ML ANGOSTURA BITTERS
100 ML STILLES WASSER
250 G PUDERZUCKER

ZUBEREITUNG
2 EL Puderzucker und Speisestärke vermischen. Eine Silikon-Backform ausbuttern und mit etwa der Hälfte der Mischung auspudern. Gelatine in kaltem Wasser einweichen, Angostura und Wasser zusammen erhitzen (nicht kochen!) und die Gelatine darin auflösen. Die Mischung in 250 g Puderzucker einrühren und mit einem Rührgerät auf höchster Stufe aufschlagen, bis die Masse leicht zäh wird und ihr Volumen sich etwa vervierfacht hat. Dann in die Form geben und über Nacht in den Kühlschrank stellen. Am nächsten Tag stürzen, mit Puderzucker-Stärke bestäuben und erneut einen Tag ruhen lassen. In kleine Stücke schneiden und in Puderzucker-Stärke wenden.

Angostura-Schluckimpfung:
Gegen Schluckauf hilft,
einen mit Angostura getränkten
Zuckerwürfel zu lutschen.

ANHANG

GRUNDREZEPTE

UND

ALKOHOL-ABC

EINFACHE REZEPTE

FÜR

ALLE BASISZUTATEN

AROMATIC BITTERS

Wie viele andere Cocktailzutaten kann man auch Aromatic Bitters ganz leicht selbst herstellen. Hier ein Grundrezept für Standard-Aromatic-Bitters, das den klassischen Angostura Bitters sehr nahekommt.

ZUTATEN

8 G ROTES SANDELHOLZ
16 G CHINARINDE ODER
 ANGOSTURARINDE
4 G GETROCKNETE
 ORANGENSCHALE
3 G ZIMTRINDE
3 G TONKABOHNE
1 G STERNANIS
1 G GEWÜRZNELKEN
900 ML WODKA (40 %)
100 ML DUNKLER RUM
50–100 ML ROCK-CANDY-SIRUP
 (S. 160)

ZUBEREITUNG

Alle Hölzer und Gewürze im Mixer oder Mörser gleichmäßig zerkleinern und mit 700 ml Wodka übergießen. 14 Tage in einem verschließbaren Gefäß mazerieren (S. 163) und anschließend erst grob durch ein Sieb und dann fein durch einen Kaffeefilter filtern. Anschließend Rum, 200 ml Wodka und Rock-Candy-Sirup (Menge nach Geschmack) dazu geben und in kleine Fläschchen abfüllen. Die Bitters werden durch Lagern in den nächsten Wochen noch harmonischer.

Sie können Zutaten austauschen oder hinzufügen, um Ihre eigenen Haus-Bitters herzustellen.

WEITERE GRUNDREZEPTE

Auf diesen Seiten finden Sie die Anleitungen für die im Buch verwendeten selbst gemachten Zutaten. Die Sirup-Rezepte können Sie auf dem Herd in einem kleinen Kochtopf herstellen. Aber vielleicht probieren Sie einmal eine der folgenden Methoden, mit denen man geschmacklich noch bessere Resultate erzielt.

SOUS-VIDE

In der Küche längst keine Neuheit mehr, bringt Sous-vide auch bei der Herstellung von Sirup tolle Ergebnisse. Die Zutaten behalten durch das Garen unter Vakuum und die niedrige Temperatur ihr Aroma. Außerdem verhindert man bei Fruchtsirup, dass er trüb wird. Wenn Sie kein Sous-vide-Gerät besitzen, können Sie den hitzebeständigen Vakuumbeutel z. B. einfach in Ihrer Spülmaschine bei 60 °C garen.

SCHNELLE INFUSION UNTER DRUCK

Bei der »schnellen Methode« gibt man Zuckersirup mit den gewünschten Kräutern oder Gewürzen in einen Sahnesiphon und befüllt diesen mit 2 Stickstoffkapseln. Der Stickstoff löst sich in der Flüssigkeit und dringt in die Zellwände der Zutaten ein. Bereits nach einer Minute kann man von dem Siphon, der dabei aufrecht stehen muss, vorsichtig das Gas ablassen, wodurch der Stickstoff aus den Zellwänden der Zutaten kocht und somit unglaublich viel Aroma an die Flüssigkeit abgibt. Filtern und fertig!

TIEFKÜHLEN

Sirups aus filigranen und aromatischen Kräutern wie z. B. Basilikum stellen Sie am besten her, indem Sie einen Vakuumbeutel mit dem jeweiligen Kraut füllen und Zuckersirup dazugeben. Vakuumieren, über Nacht in den Gefrierschrank geben, dann auftauen und filtern. Die Ergebnisse sind sehr fein, aber auch schön aromatisch.

ZUCKERSIRUP

Wenn ich von Zuckersirup (Simple Syrup) spreche, meine ich immer ein Verhältnis von 1:1 weißem Zucker zu Wasser, also beispielsweise 500 g Zucker zu 500 ml Wasser. Ist von kräftigem Zuckersirup (Rich Syrup) die Rede, ist das Verhältnis 2:1, und bei leichtem Zuckersirup (Light Syrup) 1:2.

Zubereitung: Kochen Sie Wasser und Zucker auf, bis sich der Zucker komplett aufgelöst hat. Abkühlen lassen, in eine saubere Flasche umfüllen und im Kühlschrank aufbewahren. Zuckersirup kann man auch kalt herstellen, indem man die Mischung einfach bei Zimmertemperatur stehen lässt und gelegentlich mit dem Schneebesen umrührt. Nach 30–60 Minuten ist der Sirup klar. Sie können die Haltbarkeit jedes Sirups deutlich verlängern, indem Sie einen Esslöffel Wodka dazugeben. Normaler Zuckersirup sollte im Kühlschrank einen guten Monat halten, mit einem kleinen Schuss Wodka bis zu drei Monate, kalt zubereiteter hält aber deutlich weniger lang.

FALERNUM

ist eine Art Rum-Gewürzsirup, der für viele Tiki-Drinks unentbehrlich ist.

Zutaten: 1 Zimtstange, 8 Kaffeebohnen, 4 Kardamomkapseln, 6 Pimentkörner, 2 Stück Sternanis, ½ Tonkabohne (gerieben), ¼ Muskatnuss (gerieben), 2 klein geschnittene Vanilleschoten, 1 Prise Fleur de Sel, 1 Prise schwarzer Pfeffer, 200 g geschälter und klein geschnittener Ingwer, Schalen von 2 Bio-Zitronen und 2 Bio-Orangen, 600 ml Myers's Rum, 600 ml Wasser, 1 kg Zucker.

Zubereitung: Alle Gewürze mörsern oder im Mixer kurz zerkleinern. Die Gewürze, Zitrusschalen und den Ingwer in einem Topf bei mittlerer Hitze anrösten, dann den Zucker dazugeben und karamellisieren. Vorsichtig mit Rum und Wasser ablöschen und etwa 10 Minuten köcheln lassen. Abkühlen und durch ein Haarsieb filtern. In eine saubere Flasche abfüllen und kalt stellen.

GRENADINESIRUP

Grenadine aus frischen Granatäpfeln herzustellen lohnt sich nicht. Das Ergebnis ist von sehr kurzer Lebensdauer und hat eine Farbe, die Drinks leicht bräunlich wirken lässt. *Mein Tipp:* Kaufen Sie eine gute Marke Granatapfelsaft und vermengen Sie ihn 1:1 mit weißem Zucker. Reduzieren Sie den Saft in der Mikrowelle bei mittlerer Wattzahl so lange, bis er sich auf die Hälfte eingedickt hat. Gelegentlich stoppen und umrühren, um den Zucker komplett aufzulösen. Sie werden begeistert sein! Probieren und nach Geschmack Zucker zugeben. Der Sirup soll eine schöne Balance zwischen Süße und Säure haben.

HIMBEERSIRUP

750 g frische Himbeeren 20 Minuten mit Zuckersirup sanft köcheln lassen. Nach dem Abkühlen filtern, in eine saubere Flasche abfüllen und kalt stellen. Hier empfiehlt sich die Sous-vide-Methode.

HOLUNDERBLÜTENSIRUP

100 g frische, gesäuberte Holunderblüten mit 1 l Wasser, den Zesten einer Bio-Limette und 500 g Zucker aufkochen. Vom Herd nehmen und 15 g Ascorbin- oder Apfelsäure unterrühren, um den Sirup haltbarer zu machen. 24 Stunden kalt stellen, dann durch einen Kaffeefilter filtern. In eine saubere Flasche abfüllen und kalt stellen.

KAMILLENSIRUP

500 ml Wasser mit 500 g Zucker zum Kochen bringen, bis der Zucker sich aufgelöst hat. 3 gehäufte EL getrocknete Kamillenblüten dazugeben und 20 Minuten ohne Kochen ziehen lassen. Filtern, in eine saubere Flasche abfüllen und kalt stellen. Hier ist wieder die Sous-vide-Methode zu empfehlen, denn damit werden weniger Bitterstoffe gelöst. Auch die Tiefkühl- oder die schnelle Methode funktionieren bestens.

PFEFFERMINZSIRUP

Um einem Julep ein bisschen auf die Sprünge zu helfen, verwende ich gerne einen kleinen Schuss leichten Pfefferminzsirup. Am besten funktioniert hier die Tiefkühlmethode: Einfach einen Bund frische Minze mit 1 Liter Zuckersirup 24 Stunden tiefgefrieren, dann auftauen und filtern.

LAPSANG-SOUCHONG-SIRUP

500 g Zucker mit 500 ml Wasser zusammen aufkochen, vom Herd nehmen und 2 EL Lapsang-Souchong-Tee einrühren. 10 Minuten ziehen lassen, filtern, in eine saubere Flasche füllen und kalt stellen. Der Sirup ergibt auch einen köstlichen Eistee: Dafür konzentrierten Tee kochen, Sirup, Eiswürfel, etwas Wasser, ein paar Scheiben sowie etwas Saft von Orangen und Zitronen dazugeben.

LIME JUICE CORDIAL

1 Liter Zuckersirup mit 250 ml frischem Limettensaft und den Schalen von 4 Bio-Limetten aufkochen und 15 Minuten ziehen lassen. Abkühlen, abseihen und in einer sauberen Flasche im Kühlschrank aufbewahren.

MALZBIERSIRUP

500 ml alkoholfreies Malzbier mit 500 g hellem Muscovado-Zucker zum Kochen bringen und sanft einkochen, bis sich die Flüssigkeit um etwa 50 Prozent reduziert hat.

ROCK-CANDY-SIRUP

Kandiszucker und Wasser im Verhältnis 1:1 im Kochtopf so lange erhitzen, bis sich der Zucker komplett aufgelöst hat. In eine saubere Flasche umfüllen und kalt stellen. Diesen Sirup benutze ich besonders gerne zum Süßen von Mazeraten wie z. B. dem Agavenkaffee (S. 163).

RUNNY HONEY

ist die Lösung, wenn Sie mit Honig mixen wollen, der einem Drink oft mehr Tiefe und Textur als Zuckersirup verleiht, sich aber mit kalten Zutaten nur schwer auflöst.
Zubereitung: Zwei Teile Honig mit einem Teil heißem Wasser verrühren, bis sich der Honig komplett verflüssigt hat und flüssig bleibt, auch wenn man die Mischung, abgefüllt in eine saubere Flasche, im Kühlschrank aufbewahrt.

TRIPLE-SIRUP

ist ebenfalls eine Geheimwaffe, um Drinks zusätzlich etwas Tiefe und Komplexität zu verleihen. Jeweils ein Drittel Zuckersirup, Runny Honey und Agavensirup vermischen und in eine saubere Flasche abfüllen. Oft reicht ein kleiner Spritzer, um einen Drink perfekt abzurunden.

GARDENIA-MIX

besteht aus Honig und Butter zu gleichen Teilen. Honig im Topf erwärmen und verflüssigen, die Butter zugeben und die Masse mit einem Schneebesen glatt rühren. In ein sauberes Glas mit Deckel füllen und kalt stellen. Vor dem Verwenden bei Zimmertemperatur etwas weich werden lassen.

GEWÜRZBUTTER

Je einen TL dunkles Kakaopulver, frisch gemahlenes Kaffeepulver und gemahlenen Zimt mit 1 Sternanis, 3 Gewürznelken und 2 Kardamomkapseln im Mixer fein mahlen und unter 100 g weiche Butter rühren. Einen Tag im Kühlschrank ziehen lassen, bei Zimmertemperatur weich werden lassen und durch ein Haarsieb streichen. In Form bringen und im Gefrierschrank aufbewahren.

DUST

ist eine getrocknete Zutat, die zu feinem Pulver gemahlen wird. Nach folgendem Rezept können Sie z. B. Campari- (S. 120, 146) oder Chartreuse-Dust (S. 130) herstellen. 350 ml Spirituose in eine Kunststoffbackform gießen und am besten im Dehydrator (S. 12) bei 60–70 °C 1–2 Tage trocknen. Die Flüssigkeit und der Alkohol verdampfen und zurück bleiben Zuckerkristalle, die eindeutig nach dem verwendeten Alkohol schmecken. Die Kristalle medium-fein mörsern und in einem trockenen Behälter kühl aufbewahren. Sie können Dust auch im Backofen herstellen. Die Ofentür während der 2–3-tägigen Trocknungszeit einen Spalt geöffnet halten, damit die Alkoholdämpfe entweichen können.

HIBISKUSZUCKER

Einige getrocknete Hibiskusblüten zusammen mit feinem weißem Zucker in einen trockenen Elektromixer geben und für ein paar Sekunden mixen. Das Ergebnis ist ein leicht rosafarbener Zucker mit dunkelroten Reflexen und dem wunderbar säuerlich-fruchtigen Aroma des Hibiskus.

ESPUMA

bedeutet Schaum und kann aus jeder beliebigen Flüssigkeit hergestellt werden. Espumas bereichern viele Rezepte, weil sie zu einer weiteren Geschmacksdimension verhelfen können. Alles, was Sie brauchen, sind ein Sahnesiphon und 1–2 Messlöffel Xanthan oder 1–2 Eiweiße, je nachdem, wie fest der Schaum werden soll. Xanthan ist ein Alginat auf Pflanzenbasis und dient zum Verdicken von Flüssigkeiten. Wer keinen Siphon hat, kann die Flüssigkeit mit Xanthan auch in einer Schüssel aufschlagen. Im Siphon zubereiteten Espuma vor jedem Gebrauch gut aufschütteln und auf den Drink schäumen. Nach dem folgenden Rezept können Sie jeden Fruchtsaft Ihrer Wahl aufschäumen. Eventuell müssen Sie die Menge Xanthan etwas erhöhen.

CREAMY-ORANGE-ESPUMA

500 ml frischen Orangensaft durch ein Teesieb gießen, damit das Fruchtfleisch nicht den Siphon verstopft. Den Saft mit zwei Messlöffeln Xanthan in einem Elektromixer 5 Sekunden aufschlagen und dann in den Sahnesiphon füllen, mit 1 Stickstoffpatrone befüllen und kalt stellen.

GIN-AND-TONIC-ESPUMA

Geben Sie 100 ml Gin, 150 ml Tonic Water, 50 ml Limettensaft, 30 ml Zuckersirup und 2 Eiweiße in einen Sahnesiphon. Mit 2 Stickstoffpatronen befüllen und vor der Verwendung im Kühlschrank ruhen lassen.

BANANARUMA

1 Flasche Anejo-Rum (0,7 l) mit 50 g getrockneten Bananenchips und 30 g Kokosraspeln in ein fest verschließbares Gefäß füllen und 2 Tage bei Zimmertemperatur mazerieren. Öffnen, filtern und in eine saubere Flasche abfüllen.

SLOE GIN

Sloe Gin wird hergestellt, indem man Gin mit reifen Schlehen aromatisiert. Das Verfahren, eine kalte Flüssigkeit durch Einlegen von

Früchten, Kräutern oder Gewürzen zu aromatisieren, nennt man Mazeration. Die Schlehen sollten, entweder durch ersten Frost oder im Gefrierschrank, 1–2 Tage gefroren gewesen sein. Dadurch werden der Wasserhaushalt gesenkt und die Süße erhöht, ähnlich wie bei Weintrauben. Industriell produzierter Sloe Gin wird oft noch mit Zucker und Farbstoff versetzt. Nach meiner Methode können Sie gänzlich auf Zucker verzichten, denn süßen kann man später im Drink immer noch. Einziger Nachteil der natürlichen Mazeration ist, dass der Sloe Gin durch Licht und Sauerstoff oxidiert und die Farbe sich Woche für Woche von einem knalligen Blutrot in ein bräunliches Rot ändert.

Zubereitung: Füllen Sie eine saubere Flasche zu zwei Dritteln mit leicht angedrückten oder mit einer Nadel angestochenen Schlehen und gießen Sie guten Gin auf. 2–3 Wochen an einem kühlen Ort ruhen lassen und ab der zweiten Woche täglich kontrollieren und probieren. Wenn die gewünschte Färbung und Intensität erreicht ist, kann man den Gin durch ein feines Sieb filtern und in eine neue, penibel saubere und möglichst dunkle Flasche abfüllen. Das Aroma ist säuerlich und fruchtig.

COLD DRIP

Der Cold Dripper ist eine japanische Kaffeemaschine für kalt gebrühten Kaffee (S. 12), mit der Sie auch hoch aromatische alkoholische Mazerate ohne Bitterstoffe produzieren können. Man lässt eine Spirituose (z. B. Gin) über ein Filtergut (z. B. Kamillenblüten, Hibiskusblüten, Brennnesseln) tropfen. Dieser Vorgang dauert für eine 700-ml-Flasche ca. 24 Stunden. Hier mein Rezept für Brennnessel-Cold-Drip (S. 132), das, jeweils leicht abgewandelt, auch für andere Zutaten gilt.

BRENNNESSEL-COLD-DRIP

Die Filterkammer eines Cold Drippers mit getrockneten Brennnesselblättern füllen. Die Blätter in der Filterkammer kurz und kräftig mit kochendem Wasser überbrühen, damit das Mazerat schön grün und nicht braun wird. Eine Flasche Gin Tanqueray No. Ten (700 ml) in den Wasserbehälter gießen und langsam darübertropfen lassen. Danach in eine saubere Flasche abfüllen und im Kühlschrank aufbewahren. Der Cold Drip ist mehrere Wochen haltbar, wird durch Oxidation und Licht aber immer dunkler und bräunlicher.

ROTE-BETE-COLD-DRIP

Getrocknete Rote-Bete-Chips in die Filterkammer füllen und mit Gin mazerieren. Rote-Bete-Chips erhalten Sie z. B. im Fachhandel für vegane Produkte.

HIBISKUS-COLD-DRIP

Getrocknete Hibiskus-Blüten in die Filterkammer geben und mit Gin mazerieren.

AGAVENKAFFEE

80 g Arabica-Kaffee aus Südamerika in die Filterkammer des Cold Drippers füllen. Mit Tequila Reposado anfeuchten und den Rest der Flasche in den Wasserbehälter gießen. Die Tropfzeit auf 2 Sekunden pro Tropfen einstellen. Anschließend mit 20–40 ml Rock-Candy-Sirup (S. 160) süßen.

ALKOHOL-ABC

Die Liste der Alkoholsorten und -marken, die sich zum Mixen eignen, ist schier endlos. Welche Produkte Sie wählen, hängt natürlich von Ihrem ganz persönlichen Geschmack ab. Dieses Glossar ist daher kein Gesamtüberblick, sondern – als Ergänzung zum Kapitel »Alkohol-Grundzutaten« (S. 15–16) – eine Empfehlungsliste zu allen Alkoholika, die im Buch verwendet werden.

ABSINTH

ist eine Kräuterspirituose aus Wermut, Anis und Fenchel. Er stand lange Zeit unter dem Verdacht, Halluzinationen auszulösen, und war deshalb über Jahrzehnte sogar verboten. Heute weiß man, dass kein Mensch so große Mengen trinken könnte, dass er auch nur den Hauch einer Halluzination wahrnehmen würde. Zum Purtrinken und Mixen liebe ich Absinth wie Duplais verte, Blanche de Fougerolles oder François Guy.

ALCHERMES

Eine Bitterspirituosenart aus Italien, die neben Alkohol typischerweise Zucker sowie Gewürze wie Zimt und Gewürznelken, aber auch Kardamon, Vanille und Rosenwasser enthält, was ihr eine ganz besondere Süße verleiht. Auch Campari gehört zur Gruppe der Alchermes. In Italien, wo man den Alchermes gerne für Desserts wie z. B. Zuppa Romana verwendet, gibt es unzählige kleine interessante Hersteller. Das berühmte Karmin der Conchenille-Schildlaus, das man ursprünglich zum Einfärben verwendete, ist heute größtenteils von künstlichem Farbstoff verdrängt. Mein persönlicher Favorit ist Luxardo Bitter.

AMER PICON

Ein über 200 Jahre alter französischer Bitterlikör aus Enzian und Chinarinde mit 16 Vol.-% und einem deutlichen Orangenschalenaroma. Im Sommer ist Picon Bière nicht nur in Südfrankreich ein heißer Tipp. Einfach einen kräftigen Schuss Picon in ein eiskaltes, herbes Bier gießen und den Sommer genießen.

BITTERS

Am bekanntesten ist die von dem deutschen Arzt Johann Gottlob Benjamin Siegert in den 1850er-Jahren in Trinidad gegründete Marke Angostura, eine Sorte Aromatic Bitters, die nach wie vor auch zu meinen Highlights zählt. Interessante Varianten bieten meine eigenen Marken Sexy Bitters und OK Tropfen (S. 15). Unerlässlich sind auf jeden Fall Orange Bitters, die ein deutliches Orangenschalenaroma an den Drink abgeben. Spezielle Bitters wie Lemon, Grapefruit und Sellerie sollten Sie sich früher oder später auch zulegen. Ich empfehle hierfür die Marke The Bitter Truth.

BRANCA MENTA

Ein italienischer Bitterlikör mit 38 Vol.-% und deutlicher Pfefferminznote, hergestellt von der traditionsreichen Destillerie Fratelli Branca, die noch bekannter durch ihren Fernet Branca ist. Die beiden Liköre unterscheiden sich nur durch Pfefferminzöl und Zucker, die dem Branca Menta später hinzugefügt werden.

CARPANO ANTICA FORMULA

ist ein roter Wermut auf Weinbasis nach einem alten Familienrezept der Familie Carpano von 1786. Vor allem für Klassiker wie Manhattan oder Martinez ist er meine allererste Wahl. Mit anderen roten Wermuts macht das Mixen auch Spaß, zudem prägt natürlich jede Sorte mit ihren Eigenaromen den Charakter des Drinks.

CHAMBORD

Der französische Himbeer-Brombeer-Likör mit 16,5 Vol.-% ist geprägt von feinen Zitrus- und Vanillearomen.

CHARTREUSE

Ein Kräuterlikör, der seit 1737 im Kloster La Grande Chartreuse im Südosten Frankreichs von Kartäusermönchen hergestellt wurde. Vertrieben von der Französischen Revolution und schließlich vom Staat enteignet, bewahrten die Schweigemönche das Geheimnis ihrer Rezeptur, um letztendlich wieder in der Nähe ihres alten Klosters diesen wunderbar berauschenden Likör aus mehr als hundert Kräutern herzustellen. Nur jeweils zwei Mönche kennen den kompletten Herstellungsprozess und so wird das Rezept mündlich von Generation zu Generation weitergegeben. Die Chartreuse verte ist aufgrund ihres hohen Alkoholgehalts von 55 Vol.-% berüchtigt, die Chartreuse jaune

ist harmonischer und softer und die fassgelagerten V. E. P.-Qualitäten sind eine wahre Gaumenfreude.

CHERRY HEERING

Der Kirschlikör der dänischen Marke Peter Heering ist der älteste der Welt und hebt sich durch seine außergewöhnliche Qualität von allen anderen ab. Die Farbe ist tiefrot und sein Aroma unglaublich fruchtig. Alternativ können Sie aber auch jeden anderen guten dunkelroten Kirschlikör verwenden.

CHINA CHINA

Ein Bitterlikör aus Chinarinde mit Orangenschalen-, Kräuter- und Karamelltönen. Zum Mixen empfehle ich die Marke Bigallet.

GINGER WINE

Ginger Wine ist eine jahrhundertealte Methode, um Weißwein mithilfe von Ingwer, Kräutern, Zitrusschalen und Zucker haltbarer zu machen. Die Ingwernote steht hierbei deutlich im Vordergrund. Eine gute Qualität bietet z. B. Stone's Ginger Wine.

LILLET

ist ein französischer Weinaperitif, ähnlich dem Wermut. Die Basis bilden Weine aus dem Bordeaux, die aufgespritet und mit feinen Kräutern und Zitrusschalen verfeinert werden. Von den verwendeten Trauben geprägt, gibt es Lillet in Weiß, Rosé und Rot. Lillet blanc und rosé eignen sich auch pur auf Eis oder mit Tonic als Aperitif. Der rote kann anstelle von rotem Wermut in allen meinen Rezepten verwendet werden.

MARASCHINO

Luxardo Maraschino ist unter Bartendern weltweit die Nummer eins: ein klarer Kirschlikör aus der Maraska-Kirsche, der für viele Drinks unentbehrlich ist. Selbst in minimalen Mengen eingesetzt, wirkt ein Dash Maraschino oft Wunder. Laut meinem Kollegen Andrew Nicholls aus Amsterdam ist er »the jedi power of bartender, but to use you have to know«.

MOZART DRY

Die berühmte Mozart-Distillerie in Salzburg brennt dieses trockene Kakao- bzw. Schokoladendestillat. Adäquates findet man auch bei manchen Obstbrennern.

NOILLY PRAT

Ein trockener französischer Weißwein, der mit Kräutern mazeriert und ein Jahr in Eichenholzfässern gelagert wird. Seit 1857 in den USA erhältlich, wurde Noilly Prat zum Wegbegleiter der Cocktailgeschichte und ist bei klassischen Rezepten nicht wegzudenken.

OBSTBRAND

Besonders bei Obstbrand merkt man den Unterschied zwischen guten und schlechten Qualitäten, auch beim Mixen. Wer einmal Brände von Hans Reisetbauer oder Christoph Keller probiert hat, ist nicht mehr so leicht zu überzeugen. Gute Brände riechen nicht nach Alkohol, sondern nach der Frucht, die zum Brennen verwendet wurde, und sind deshalb Geisten unbedingt vorzuziehen. Bei Obstbränden wird das Ausgangsprodukt gemaischt, vergoren und anschließend gebrannt, während es sich bei Geisten häufig um minderwertigere Destillate handelt, deren Basis Neutralalkohol ist, der lediglich das Aroma der Früchte aufnimmt.

ORANGE CURAÇAO

ist ein Likör auf der Basis von Orangenschalen. Beste Wahl ist Dry Orange Curaçao von Ferrand. Weitere gute Produkte sind beispielsweise Grand Marnier, Cointreau oder Triple Sec guter Herkunft.

ORANGE FLOWER WATER

Mit dieser nicht-alkoholischen Essenz aus Orangenblüten kann man Drinks eine blumige Duftnote verleihen. Von der Marke The Bitter Truth oder in der Apotheke erhältlich.

PIMENTO DRAM

Der Rum-Likör aus der Karibik mit Aromen von Muskatnuss, Zimt, Nelke und einem deutlichen Piment-Geschmack wird besonders bei Tiki-Rezepten häufig verwendet. The Bitter Truth bietet einen sehr guten Pimento Dram an.

PORTWEIN

ist mit Alkohol aufgespriteter Wein aus Portugal, der in Fässern nachreift. Durchschnittliche Jahrgänge sollten jung, »ruby«, getrunken werden und heißen nach kurzer Lagerung im großen Holzfass Tawny. Große Jahrgänge werden anschließend in kleineren Fässern (Colheita, Old Tawny) oder wie der LBV (Late Bottled Vintage) in der Flasche über viele Jahre gereift. Überdurchschnittliche Jahrgänge landen als Vintage frühestens nach 10 Jahren auf dem Ladentisch und erreichen ihren Höhepunkt häufig erst nach Jahrzehnten in der Flasche.

SAKE

Japanischer Sake ist weder Bier noch Wein. Sake wird aus Gärung von gemaischtem und vergorenem Reisbrei hergestellt, der zu Alkohol fermentiert. Fein gefiltert und ohne weitere Zugabe trägt ein Sake die Bezeichnung Junmai (nur Reis). Wenn anschließend mit Alkohol nachgeholfen wird, nennt er sich Honjozo. Die Qualität des Sake hängt von dem Poliergrad des Reiskorns ab, denn in der Außenschale befinden sich viele störende Aromen, Fette und Eiweiße. Der Zusatz Ginjo weist darauf hin, dass mindestens 40 Prozent des Reiskorns vorher abgeschliffen wurden. Bei Daiginjo Sake sind es mindestens 50 Prozent. Guten Sake sollte man leicht gekühlt in einem schönen Weißweinglas genießen und niemals heißer als Körpertemperatur trinken. Kochend heißer Sake ist ein Fauxpas, macht trockene Qualitäten süß und zerstört alle Aromen.

SHOCHU

kommt unter anderem auch aus Japan und wird oft in einem Atemzug mit Sake genannt, ist aber eigentlich etwas völlig anderes, nämlich ein einfacher Brand mit ca. 25 Vol.-% Alkoholgehalt. Er kann aus allem Stärkehaltigen hergestellt werden, was man findet – von Kastanien bis Sesamkörnern. Günstigere Qualitäten sind meist aus Rüben oder Süßkartoffeln gebrannt.

TIA MARIA

Diesen jamaikanischen Kaffeelikör auf Rum-Basis können Sie bedenkenlos verwenden, wenn Sie mal keine Lust haben, eigenen Agavenkaffee (S. 163) herzustellen.

VANILLE DE MADAGASCAR GIFFARD

Eine gute Wahl für Vanillelikör. Alternativ können auch andere Marken verwendet werden.

WERMUT UND WEINAPERITIFS

Meine Empfehlungen finden Sie bei der jeweiligen Marke. Alle Wermuts, Weinaperitifs und auch Portwein sollten Sie nach Anbruch immer kühl und dunkel lagern. Die Basis aller dieser Alkoholika ist Wein, der zwar durch Alkohol, Rinden und Kräuter haltbar gemacht wurde, sich in der geöffneten Flasche aber doch verderblich zeigt.

WODKA

Als Basis für viele Longdrinks wie z. B. Moscow Mule ist Wodka unerlässlich. Er ist in der Regel geschmacksneutral und bietet sich als Alternative für diejenigen, die Drinks aufgrund ihrer Wirkung trinken und nicht des Geschmacks wegen. Außerdem ist er eine gute Basis für Mazerate und Bitters und eignet sich zum Haltbarmachen von Sirups.

YUZU SAKE

Yuzu ist eine kleine und sehr aromatische Limettenart aus Japan. Somit ist Yuzu Sake quasi das japanische Pendant zum italienischen Limoncello: ebenso leicht gesüßt, aber weit aromatischer.

DRINKS NACH BASIS-ALKOHOL

CHAMPAGNER

Brennnesseltee	132
Caramellow Royal	132
Champagnercocktail	80
Golden Champagne	30
Haus der Kunst Cocktail	120
Kalte Ente 2011	74
Kamillentee Royal	122
Mr. Serious Champagne Cocktail	38
My Buck and Breck	130
Zweihundert	144

COGNAC

Arpi Gardenia	140
French Daisy	86
My Buck and Breck	130
Vanilla Punch	96

GIN

Dry Martini	76
Frozen Gin and Tonic	82
Gintelligence No. 1	36
Gintelligence No. 2	142
Golden Bramble	54
Goldener Bartini on the Rocks	78
Haus der Kunst Cocktail	120
London Buck	44
Pink Gin No. Ten	84
Rote Bete Gimlet	124
Royal Hibisco Gin Fizz	136
Yamahai	60

LIKÖR

Bishop	50
Blood and Sand	128
Chocolate Cocktail	114
Drogerie	140
Rescue Remedy Punch	50
Walther PPK	66
Yellow Smash	108

OBSTBRAND

Old McCarthy	98
Williams Sour	32
Zwetschgenfizz	32

PORTWEIN

Chocolate Cocktail	114
Suburbia	148

RUM

Banksy	48
Captain Strainers Plantation Punch	150
Corn 'n' Oil	100
Crustafarai	104
Dark & Stormy	44
Hot Buttered Coconut Rum	138
Kamillentee Royal	122
Klaus of Pain	58
Lemmy Kilmister's Rum Grog	62
Petit Punch	100
Raspberry Rum Smash	110
Rasta Nail	106

SAKE

Bloody Geisha	116
East Village	52
Ichigo Ichie	60
Kyoto Rose Fizz	34
Pearl Harbour	40
Yamahai	60

SHOCHU

Shochu Budo Shoga	*44*

TEQUILA & MEZCAL

Fresh Paloma	64
Hibisco de Jalisco	54
Pechuga Mary	*116*
Rufftime Margarita	102

WERMUT

Americano	*146*
Blood and Sand	128
Dry Martini	76
Frozen Vermouth and Tonic	*82*
Goldener Bartini on the Rocks	78
Ichigo Ichie	60
Old McCarthy	98
Tabula Rasa	146

WHISKY

Ardbeg Julep	112
Bichlmaier	94
Blood and Sand	128

Dirty Old Bastard	92
Frozen Sazerac	82
Islay Mule	*44*
Kramer's Breakfast	148
Old Fashioned	88
Old McCarthy	98
Smooth Criminal	126
Suburbia	148
Yuzu Taketsuru	134
Zacharias	90

WODKA

Moscow Mule	44

ALKOHOLFREI

Arshavin	68
Bitterman's Friend	68
Ginger Beer	42
Münchener Eiskaffee	70
Santino	46
Sexy Ginger Beer	*44*
Toxic Garden	56

Die kursiv gesetzten Drinks werden innerhalb anderer Rezepte mit Rezeptur beschrieben.

DRINKS NACH GELEGENHEIT

FÜR VIELE GÄSTE ...

... ZUM EMPFANG

Brennnesseltee	132
Caramellow Royal	132
Champagnercocktail	80
Dry Martini	76
East Village	52
Goldener Bartini on the Rocks	78
Golden Champagne	30
Mr. Serious Champagne Cocktail	38
Old McCarthy	98

... FÜR EINE LANGE SOMMERNACHT

Americano	*146*
Captain Strainers Plantation Punch	150
Dark and Stormy	*44*
Ginger Beer	42
Goldener Bartini on the Rocks	78
Fresh Paloma	64
Frozen Gin and Tonic	*82*
Frozen Sazerac	82
Frozen Vermouth and Tonic	*82*
Klaus of Pain	58
London Buck	*44*
Moscow Mule	44

HEISS & WOHLTUEND

Bishop	50
Gintelligence No. 1	36
Gintelligence No. 2	142
Lemmy Kilmister's Rum Grog	62
Hot Buttered Coconut Rum	138
Pearl Harbour	40
Rescue Remedy Punch	50

GENUSS OHNE ALKOHOL

Arshavin	68
Bitterman's Friend	68
Ginger Beer	42
Münchener Eiskaffee	70
Santino	46
Sexy Ginger Beer	*44*
Toxic Garden	56

Die kursiv gesetzten Drinks werden innerhalb anderer Rezepte mit Rezeptur beschrieben.

BEZUGSQUELLEN

Barzubehör und die meisten der im Buch aufgeführten Zutaten erhalten Sie im Fachhandel und bei gut sortierten Getränkehändlern. Wer vor Ort nicht fündig wird, kann auf das Angebot im Internet zurückgreifen. Die folgenden Seiten werden vom Autor empfohlen:

BARZUBEHÖR:
www.cocktailian.de

KAFFEE, COLD DRIPPER UND ZUBEHÖR:
www.jbkaffee.de

JR-COCKTAILSHAKER:
www.jr-shaker.com

JR-COCKTAILSHAKER VERTRIEB UND EXKLUSIVE SIPHONS:
www.langlebig.com

ABSINTHE, SPIRITUOSEN:
www.absinthe.de

SPIRITUOSEN:
www.barfish.de

SEXY BITTERS, OK TROPFEN:
www.lion-spirits.de

GOLDEN MONACO EXTRA DRY TONIC WATER UND LIMONADEN:
www.aquamonaco.com

BESTER MEZCAL AUS MEXICO:
www.mezcaleria.de

SAKE UND JAPANISCHE ZUTATEN:
www.japan-gourmet.com